大倉源次郎の能楽談義

語り・文　大倉源次郎

編集　生田ケイ子
濱崎加奈子
原　瑠璃彦

淡交社

まえがき

人前で話すのは難しい。

書き残すのはもっと難しい。

あっという間に消えてしまう鼓は最も難しい。

と、常々思っていた小生に、ここ数年、能楽や小鼓《こつづみ》について話す機会が増えてまいりました。

折々に聴いてくださった方々からは、きちんと書かなくてはダメでしょう、と迫られることも増えてきました。そんな折、話したことを本にまとめてみましょうとの提案があり、周りの迷惑も考えず、渡りに船と受けさせていただいた、今回の企画。

これまで、見たり、聞いたり、試したりを繰り返した中で蓄積《ちくせき》されたものを尋ねられるままに、とにかく※四回の講座で話してみました。

上手《うま》く話せたと思うところもあれば、逆に回りくどくなったところもあります。順を追って押さえるべきことや、書くべきことが飛んでしまったことも多々あり、どう表現すべきかと悩みました。特に実名を出させていただいたところは、各位に確認を取るべきかもしれませんが、悪しからずご了承をいただきたく願います。

つくづく小生は、恵まれた人生を歩ませていただいている、と感謝の日々を送っています。

観阿弥《かんあみ》・世阿弥《ぜあみ》をはじめ、多くの方々が創り、伝えてくださった魅力いっぱいの先達の能楽に囲まれて育ちました。また、素晴らしい同年代の各流、各派の方々と舞台を共にさせていただいております。そして、次の世代が着実に育っている手応えの中で、小生を支えてくださっている多くの皆様の中で、能楽小鼓方としての生活を送らせていただいております。

本書では思いの全てを語り、文章にすることは出来ませんでしたが、多様性を認めた複合国家といえる日本の能楽の面白さを伝える上で、小生の中にある多面的な能楽の魅力を随所に散らすことが出来たかと思います。どの章から読み始めていただいても構いません。興味をひくタイトルから読んでみていただければ、嬉しく思います。

また、能楽の魅力が多方面におよぶ証として、様々な方にそれぞれの個人的な能楽との出合い、楽しみ方をコラムという形でお願いをさせていただきました。超多忙な各分野の皆様が、快くお引き受けいただいたおかげで、読み応えのあるコラム集にもなりました。この場をお借りし、深く御礼を申し上げます。

また、掲載の画像も皆様のご協力で、素晴らしい写真が揃いました。

さて、肝心の本文責任のある小生としては、お叱りを受ける覚悟で、能楽と小鼓の面白さを小生の主観ではありますが思い切り語り、まとめさせていただいたつもりです。忌憚のないお言葉をいただければと存じます。

大倉源次郎

※京都・有斐斎弘道館において、二〇一七年四月二十七日・五月十一日・六月一日・同二十二日の四回に亘《わた》り、「大倉源次郎の能楽談義」と題して開催された講座。

大倉源次郎の能楽談義　目次

能の広がり　254

あとがき　268

造本／鷺草デザイン事務所（上野かおる　東　浩美）

第一章

能の来た道

談山神社十三重塔（写真：大道雪代）

本書を手に取っていただいた皆さんと共に、能や鼓の歴史、またその面白さを探っていきたいと思います。が、その前に、この章では能楽の世界について、最も大切だと思うことをご一緒にひもといてみたいと思います。ちょっと難しいと思われるかもしれませんが、それだけ長い歴史を湛《たた》えているものですから、私自身も、能が簡単にわかるとは思っていません。謎を解いていくような気持ちでお付き合いいただけたら有難く思います。

謎の翁

「翁」とは

皆さんは、「翁《おきな》」というとどんな人を思いうかべるでしょうか。

そう、お爺さんですね。白髪で、豊かな髭《ひげ》を蓄《たくわ》えて、にっこりと微笑《ほほえ》んでいる、お爺さんですよね。

このお爺さんのことを、能では「翁」というのですが、実はとても大切な演目にもなっているのです。

かつては、一日の一番始めに上演する演目は「翁」と決められていました。

今でも、新しい舞台を初めて使う時や、正月などの節目には「翁」を上演します。そのため、何となく「めでたい曲」と感じている方も多いかもしれません。

そんな古来の慣例にしたがって、この本もまた、「翁」の話から始めてみたいと思います。

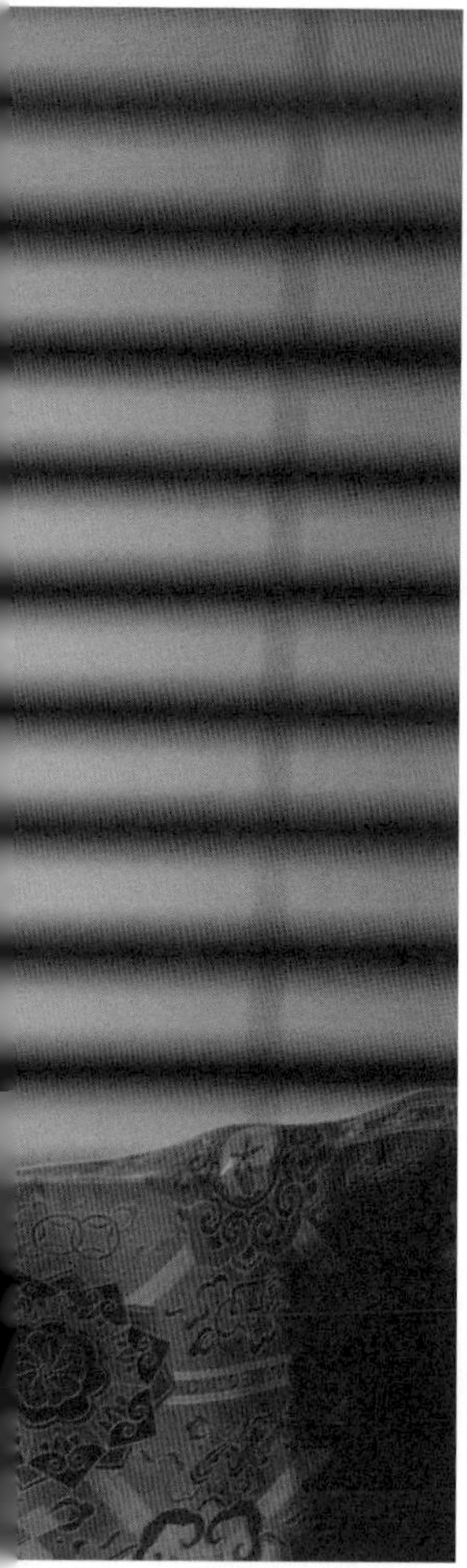

談山神社「奉納　翁」　観世清和（写真：渞忠之）

「翁」からのメッセージ

まずは、能の「翁」をご覧になったことがある方も、そうでない方も、ちょっと想像力を働かせて、「翁」の舞台をたどってみましょう。

目の前に能舞台があると思ってください。舞台の床《ゆか》には檜《ひのき》の板が敷き詰められ、正面には松の樹が描かれた板が立てられています。舞台の上には、何も置かれていません。そこへ、一人ずつ、役者が登場します。総勢二十八人。全員が座に着くや否《いな》や、笛が吹き始められ、小鼓《こつづみ》が打ち出されます（97頁参照）。

ここで皆さんは、どんなことを想像されるでしょうか。

「いつ始まったの？」「誰が何の役？」などなど。でも、初めて舞台をご覧になった方でも、何やら厳《おごそ》かな儀式が始まったようだということは、おわかりになってくださるかと思います。そう、実はこの「翁」というのは、一般的にいう演劇のようなストーリーが展開するというものではないのです。人間ドラマのようなストーリーが始まる以前の、「世界の始まり」を表しているといったほうがよさそうです。

『古事記《こじき》』や「聖書」などの古い文献には、世界の始まりが描かれていることが多いようです。いわば神話の世界なのですが、そこでは、混沌《こんとん》とした宇宙に神々が現れ、風が吹き、天地が分かれる場面が描かれています。「翁」は、そんな世界

談山能「翁」　梅若玄祥（写真：生原良幸）

の始まりを表しているため、本格的な一日の上演形態ですと、この「翁」が出なければ、能のあらゆる物語を始めることが出来ないのです。

舞台は宇宙、役者は神々。そこで行われるのは、天地開闢《てんちかいびゃく》、天孫降臨《てんそんこうりん》の場面というわけです。神々に模した役者が揃い、風である笛が鳴り、小鼓が「陰陽」を打ち分けることで、天地が分かれることを象徴します。まさしく地球の始まり、ビッグバンと捉《とら》えてもよいのではないでしょうか。

「翁」は、「能にして能にあらず」と言い伝えられています。数ある「能楽」の演目の中でも、「翁」は唯一「未来を演じるもの」なのです。地球の始まりを表すと同時に、未来を描く。さあ、それは一体どのようなことなのでしょうか。

摩多羅神面　談山神社蔵

「翁」、世界の始まりを描く

「翁」の詞章《ししょう》は、「とうとうたらりたらりらー」という、まるで古代の呪文《じゅもん》のような寿《ことほ》ぎの言葉から始まります。ところが、その途中で、七五調四節の「今様《いまよう》」という、「翁」成立当時の最新の流行歌が挿入されているのです。なぜ、古い言葉と新しい言葉が混在しているのでしょうか。

現代に置き換えて考えてみましょう。たとえば、今の若い人たちの歌には、日本語の歌詞に混ざって突然英語の歌詞が出てきます。そんな感覚に似てはいないでしょうか。つまり、どの時代においても若い人たちは、そのような形が「面白い」と感じるのです。あるいは、何かピンとくるのかもしれません。「翁」は、古代の言葉と、当時の最新の言葉をあえて交えることにより、古代と当時の両極の「寿ぎ」を伝えているのではないかと思います。

そして、次に謡《うた》われるのは祝詞《のりと》などと同じ和文で、「そよや、りちや、とんどや」などの合いの手を挟みながら、最後は漢文の「萬歳楽《まんざいらく》」になります。つまり「翁」は、十一世紀から十二世紀頃における、古代・当時・日本・大陸という、大きく分けて四つの言語的背景による寿ぎの詞《ことば》によって、構成されているのです。

談山能「翁」　観世喜正（写真：宮下直樹）

未来を寿ぐということ

翁では、他の能の演目にはない、大変特殊な演出が行われます。それは、大夫《たゆう》が素顔（直面《ひためん》）で登場し、舞台上で面《おもて》を掛けるという演出です。その面は、「翁」という老人がにこやかに微笑む面なのです。なぜ微笑んでいるのでしょうか。それは、老いて神仏に近づき、微笑みを湛える未来の自分自身ともいえるのではないでしょうか。そして、それを舞台上で掛けて「天下泰平《たいへい》、国土安穏《あんのん》」を唱《とな》えることは、「ここに集う人々は仲良く力を合わせて、素敵な未来を共に迎えましょう」と決起しているのだと解釈することが出来るのです。

これを「予祝《よしゅく》芸能」といい、各地の祭礼に見られる芸能のパターンと共通しているのですが、都会に暮らす今の人たちには実感しにくいかもしれません。

産業革命を迎え、機械化が進むまでは、人力による農業が国家の主幹産業でした。毎年、春には村々の農民が力を合わせて苗付けをし、田植えを行い、秋の豊かな実りを収穫するまでの一連の農作業期間は、戦《いくさ》や災害を防ぐ平和への思い、祈りが重要な意味を持っていました。徳川幕府では、江戸城をはじめとする各地の能舞台や神社仏閣で、毎年「翁」を年初に演じ、国中が平和であること、食料を守ることが人民にとっていかに大切かということを確認することが、重要とされていたのです。

談山能「翁」　千歳　片山伸吾（写真：宮下直樹）

囃子が生み出す不思議な宇宙

ここで少し専門的な話になりますが、「翁」は囃子《はやし》（音楽）の技術面からみても、「能にして能にあらず」といえると思います。他の能楽の曲目とは異なる点として、一つのリズム体系の中で、謡《うたい》の詞章と囃子とが、拍子《ひょうし》に合わせて合奏する場面が全くないことが挙げられるでしょう。

謡は謡で力一杯謡い進め、囃子も原初的なリズムパターンを間断なく演奏して、結果的に逆に全てが同期していくような、「アシラウ」という演奏形態です。

小鼓は、この曲に限り三人で演奏し、真ん中に座るリーダーは「頭取《とうどり》」という役目を負い、地謡《じうたい》のリーダーである「地頭《じがしら》」とともに、阿吽《あうん》の呼吸で要所要所を同期させ、段落を決めていきます。

そして、若さと可能性を想起させる「千歳《せんざい》」の舞に引き続き、翁は「天地人」を定めた祈りの舞を舞い納め、面を外して退場します。

「翁」が終わると、続いて、三番叟《さんばそう》（大蔵流は三番三）が「揉《もみ》出し」という大鼓《おおつづみ》の入った賑やかな演奏で登場し、大地踏みの「揉之段」、苗が芽を出して穂が実るまでを祈念する「鈴之段」が続きます。

ちなみに、大鼓は、「翁」の間はこの三番叟と翁が向かい合う一場面に、数回無拍節の「アシライ」打ちをするのみです（すなわち、「陽」の「白き翁」と、「陰」の「黒

黒色尉面　談山神社蔵

き翁」の対面の場面に、陰陽の鼓が不規則的に絡《から》むのです）。

「三番叟」の音楽も、「翁」と同じく、謡と拍子を共にする場面はありません。そして、「揉出し」の中で「三番叟」の登場を寿ぐ、喜びの言葉が唱《とな》えられます。「揉之段」「鈴之段」という、舞にあたる部分は、陰陽の鼓が整った器楽曲で、謡は入りませんが、舞手は掛け声をそこに被《かぶ》せます。舞手の呼吸のリズムが、囃子のリズムと相まって、躍動《やくどう》感、生命力が、そこに同座する観客の息と同調し、不思議な一体感が生まれます。

今のロックコンサートのような世界ですが、現代と違うのは、電気による増幅を一切行わず、人から人への伝達がそれをなし得ているということです。これは、大音量で動かされるコンサートに慣れた今の人たちには相容《あいい》れないかもしれませんが、特筆したい事象です。

「三番叟」（揉之段）　野村万蔵
（写真：宮下直樹）

「三番叟」（鈴之段）　野村万蔵
（写真：宮下直樹）

翁の面は御神体

御神体《ごしんたい》ともいえる翁面は、面箱《めんばこ》に納められて、楽屋では「翁飾り」と呼ばれる祭壇に祀《まつ》られています。そして、「翁」の冒頭で、面箱に納められた翁面が神格を得て、高々と掲《かか》げられ、恭《うやうや》しく登場しますが、天地人の拍子を踏み、大地に降り立ち役目を終えると、三番叟の黒色尉《こくしきじょう》の面と共に面箱に納められ、終演後、後見《こうけん》（舞台の上で監督したり、演技のサポートをしたりする役）によって、舞台後方の切戸口《きりどぐち》と呼ばれる出入口から楽屋へと引き下げられます。最後の扱いは、見方によってはちょっと粗雑な感じがするという方もおられるかもしれませんが、太古の時代の考え方によれば、面に罪や穢《けが》れなどを引き受けさせ、大地に埋めたり焼いたりしたということもあり、そんな呪術《じゅじゅつ》的な考え方の名残りではないか、などと想像したりもするのです。

なお、登場時に面箱を掲げて登場するのは、御神体でもある面に息がかからないようにするためです。神社で巫女《みこ》さんが三宝《さんぼう》にお供物を載せて運ぶ時、頭上高く掲げられるのと同じ作法なのです。

鼓魂童子
デザイン：籔内佐斗司

翁・ミルク神・摩多羅神

これから「翁」についてさらに深く考えていくことになるのですが、そのきっかけとなった出来事について、まずは述べさせていただきます。

二〇〇四年に能楽協会の公演で、沖縄・石垣島を訪れた時、「大胴《ウードゥ》」「小胴《クードゥ》」「太鼓のもの」というお囃子のお道具（楽器）を初めて目にして、大変驚きました。それで、次の奉納演奏の日程を現地の方にお尋ねしたところ、指折り数えられまして「十二年に一度行われる結願祭《けちがんさい》は寅《とら》の年だから、六年後」とおっしゃったのでした。

それで、寅の年にあたる二〇一〇年十月七日の結願祭に、太鼓方の観世元伯《かんぜもとのり》氏や、太鼓の製作をされている宮本卯之助氏らと伺い、石垣島のお囃子の奉納演奏を拝見することが出来たのでした。そして、結願祭において、ミルク神を拝見したのです。実はこの少し前から毎年の豊年祭で奉納演奏をするようになり、ずいぶん古くなっていた鼓を復元しなければということで、宮本卯之助氏にお手伝いいただき、伝承形態が整うことにもなったのです。

さて、この半年ほど前の五月三日、「鼓魂《こだま》の会」という小鼓の会を開催するため、奈良・桜井市にある多武峰談山《とうのみねたんざん》神社に伺いました。ちょうどその時、神社に長く祀られてきた「摩多羅《また（だ）ら》神面」をご覧になるために、哲学者の梅原猛先生がお見え

「奉納 翁」実行委員会メンバー
名誉会長　梅原 猛
会　長　加藤精一
委　員　観世清和　梅若玄祥
　　　　観世銕之丞　大槻文藏
　　　　片山九郎右衛門　観世喜正
　　　　千田 稔　天野文雄
　　　　松岡心平　宮本圭造
　　　　長岡千尋　石原昌一
制　作　西尾智子
制作協力　西川照子　佐野純子
　　　　濱崎加奈子　延原真紀子
総　務　大倉源次郎

になっていました。ここで偶然に私もその面との対面を果たすことになったのでした。その面は、翁の面の原型ともいわれている、幻の面でした。

また、同じ年の七月二十五日には、沖縄・八重山地方でアカマタ・クロマタという来訪神が登場する祭にも出合っていました。海の彼方から来訪する神の姿に、大いに触発されていたところでした。そして最終的に、十月七日に石垣島の結願祭に伺うことになったわけです。ここで、それまで見聞きしてきた鼓、面、祭が一つに繋《つな》がったのでした。

こうした経緯を経て、「翁」の源流は何かということ、すなわち、それは能楽の原点を探ることでもあるのですが、いずれにしても、「翁」について深く思いを巡らせるようになりました。そのような中で始められたのが談山神社での奉納でした。まさしく翁の先祖ともいうべき「摩多羅神面」を現代の能楽師（能の役者および演奏者の総称。ここでは翁役の役者のこと）が実際に掛けて「翁」を舞うことは、能楽の原点を確かめることになるのではないかと考えたのです。そこで、観世宗家をはじめ、松岡心平先生など能楽研究者の方々にご相談を申し上げて、制作をダンスウエストの西尾智子様にお願いし、実行委員会（上記参照）を立ち上げ、翌年の春には談山神社で「奉納 翁」を開催させていただくことになりました。現在も毎年続けています「談山能」の第一歩となったわけです。

登野城のミルク様

竹富島のミルク様

「翁」はなぜ微笑んでいるのか

こうして「翁」を巡る旅は深くなっていったのですが、そんな「翁」の謎にもう少し、迫ってみましょう。

「翁」は私たちにとって、どのような意味を持っているのでしょうか。

私が考える「翁」は、「未来から微笑む姿」です。なぜそのような考え方が生まれたのかといえば、それは、「弥勒《みろく》信仰」を下敷きにしているからなのだと思っています。

弥勒菩薩《ぼさつ》は、仏の入滅後五十六億七千万年後の未来に出現して悟《さと》りを開き、人々を救済するとされています。五十六億年とは、またものすごい時間ですね。

過去の人々を救った釈迦牟尼仏《しゃかむにぶつ》や阿弥陀《あみだ》様は、経験値の高い仏様たちです。しかし、新たな現実問題を解決するための先例がない時には、いくら偉い仏様たちも役には立ちません。そこで、弥勒様が登場するのではないかと思います。

そんな弥勒にも比せられる、神仏を超えた存在として「翁」、すなわち老人が位置づけられていることになるのです。そして、その老人が微笑む姿というのは、生き神様、生き仏様そのものなのです。

この弥勒の存在を考えるにあたり、同じ菩薩である観音《かんのん》様のことに触れてみたいと思います。そもそも「観音」とは「音を観る」と解することが出来ます。「光

如意輪観世音菩薩像　談山神社蔵（写真：大道雪代）

を観る」のが「観光」の本来の意味だそうで、最澄の「一隅を照らす、是則ち国の宝なり」という言葉に対応しているそうです。これに対して「音を観る」というのは、「よい音を聞く」ということです。人の悲鳴とか、爆弾の音を聞くよりは、豊かな音楽が鳴っている状態のほうがよいですよね。これが、現世利益で一番の幸福な時間なのです。つまり、よい音が聞けるということは、幸せな人たちだということなのです。その幸せとは、今から一秒先も未来だとするならば、「一秒先によい音を聞いて幸せにする」というのが、弥勒の考えです。ですから、弥勒信仰を未来信仰というのは、「一秒先を笑うためにはどうしたらよいか」ということの知恵であって、そのためには過去の記憶で泣いたことを忘れないようにする、もしくは泣いた後にいかにして立ち直ったかを知るということでもあるのです。

　現世のものごとは、お金で何でも買えるように思えます。しかし、本質的にはそうではありません。今響いている最もよい音に浸《ひた》ることこそが、実は現世の利益そのものといえます。そして、なぜこの「よい音が聞こえる」という状況が生まれたのかを知ることが大切です。それには、過去を知ることが大切なのではないでしょうか。つまり、そのために、過去の物語が「能」として作られているわけなのです。

能が「翁」の後に上演される理由

「翁」が上演された後に、神《しん》・男《なん》・女《にょ》・狂《きょう》・鬼《き》といった「翁付き五番立て」で過去の物語が上演されます（31～33頁参照）。しかし、そんな能の演目には、実は悲しい作品が多いのです。なぜ悲しい作品が多いのかと申しますと、泣いた記憶を忘れないために、「泣くようなことをしたらダメですよ」ということを教えているのです。それが、能の役目だといってよいと思います。そして、笑える未来を作りましょうということを語るのです。一秒先を笑えるように皆で努力しましょう、と。そのために、「翁」を最初に演じるということなのだと思います。

これこそまさしく、ミルク様が未来から幸せを運んでくるという沖縄の豊年祭（21頁写真参照）と同じ考え方ですね。ミルク様は微笑みを湛えた大きな仮面です。「ミルク」というのは「弥勒」が訛《なま》った言葉で、未来から幸福を運んでくる神様です。人々は毎年、ミルク様の前で仲良く芸能を奉納して、秋の豊作を祈ります。能の「翁」の考え方に非常に似ていることから、折口信夫《しのぶ》をはじめとする民俗学者たちもその関連性を探ってきましたが、つまりはそういうことなのだと思っています。

さて、能楽の流派に「観世流《かんぜ》」という流派があります。能楽を大成した、かの観阿弥《かんあみ》・世阿弥《ぜあみ》親子から始まる流派です。観世流という名称がどのような経緯で

四天王寺西門石の鳥居。能「弱法師」で「仏法最初の天王寺の石の鳥居ここなれや」と謡われる。四天王寺の本尊は如意輪救世観音。

定まったのかわかりません。しかし、少なくとも観阿弥・世阿弥親子はすでに「観世」を名乗っており、その頃に使用されたと思われる観世宗家所蔵の「翁」本面の作者が、何と「弥勒」といいます。当時の人々は、弥勒といえば翁を想像したのでしょうか。そして、宝生《ほうしょう》流の翁の本面は「日光」作。金春《こんぱる》流は「聖徳太子」作。中世に聖徳太子は「太子信仰」として、信仰の対象になっていました。御神体でもある翁面は、神仏が乗り移って作られたもの、と考えられていたのでしょう。

先人の知恵をムダにしないために

中世の人たちは、南北朝や戦国時代の長い戦乱の世を迎えていました。知識も教養も優れているはずのいい大人が、負の連鎖の戦争ばかりしている中で、何とかして未来は笑えるようにするためにはどうしたらよいかということを考えぬいたのでしょう。そんな、当時の人たちの苦労の結晶が、「翁付き五番立て」という形式の能楽になったのだと思うのです。

このような先人の知恵を忘れないようにすることが大切だと思います。『古事記』以来、いや神話時代以来、人間は「進歩」しているのでしょうか。文明は「発達」したとしても、心を育てることを忘れているのではないでしょうか。能楽が成立してから、平和な徳川時代が作られるまでに、二百五十年くらいかかっています。「一秒先を笑えるように」――そんな先人の知恵をムダにしたくはないと思います。

なお、「翁」の先行芸能には「稲取《いなとり》の翁」や「稲経《いなつみ》の翁」と呼ばれるものがあったりして、翁は様々な形で登場します。たとえば、赤・白・黒の翁が伝わっており、現代の能楽の「翁」に整理されていきました。これは、肉色《にくしき》（赤色）・白色《はくしき》・黒色《こくしき》という、能楽にとって重要な色になっています。能で使用する頭《かしら》にも、赤頭《あかがしら》・黒頭《くろがしら》・白頭《しろがしら》があり、たとえば「小鍛冶《こかじ》」という稲荷の神様の能でも、この三つの

大阪・杭全神社の御田植神事（写真提供：杭全神社）

演出があります。そういえば、古代米にも赤米・白米・黒米があり、同じ三つの色ですね。これには、何か意味があるのでしょうか。ひょっとして、古代の五穀の文化を表しているのではないかと思うのです。

上の写真は、大阪・平野にある杭全《くまた》神社の御田植神事です。一人翁の奉納が毎年四月に行われており、私も昭和五十年代まで「福の種を蒔こうよ」と地謡を謡っていました。

能楽の枠組みを飛び越えて、原点から考えていくと、かえって身近なことにたどり着くこともあるように思います。「翁」は、今は特別な存在になってしまっていますが、弥勒信仰の精神を、現代的に捉え直すことが大切なのではないでしょうか。

権現思想からひもとく

さて、最後にもう一歩、角度を変えて、「翁」と「弥勒」について考えてみましょう。桜で有名な奈良の吉野山に行かれたことはあるでしょうか。ここに、有名な弥勒様がおられます。役行者《えんのぎょうじゃ》が吉野蔵王堂《ざおうどう》で金剛《こんごう》蔵王権現《ごんげん》を祈り、出現させたのは、六六八年（天智七年）のこと。奈良葛城《かつらぎ》山系、賀茂族に生まれた役行者は、幼少時を豊かな自然の中で育ち、山岳修験道を感得しました。五三八年（五五二年とも）の仏教公伝より繰り広げられた宗教観の違いは、ある時は穏やかに、ある時は対立し、経済が絡み、さらに複雑な様相を呈していたと思われます。

吉野・金峯山寺蔵王堂

幾多の部族間戦争によって荒れはてた大和《やまと》の地を、これ以上荒らされたくないと念じた役行者は、吉野に籠《こ》もり、祈り始めます。すると、まず釈迦如来（過去仏）が「世の中を救いましょう」と現れたのですが、「あなたは過去を救ったでしょうが、今の戦乱はとても納められません、お直りください」とお帰りいただいたそうです。

祈りを続けると、次に千手観音（現在仏）が「私が何とかしましょう」と現れましたが、「あなたも無理でしょう」とお引き取りいただいたそうです。

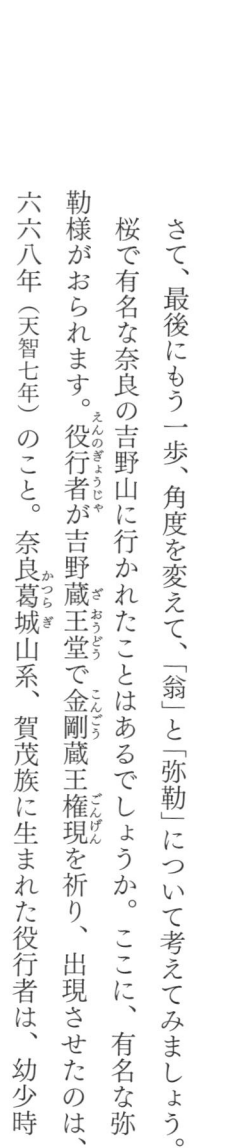

役行者像　金峯山寺蔵

次に祈ると、弥勒菩薩（未来仏）が現れるのですが「あなたが出てくるのはまだ早い」とお断りされて、さらに祈り続けると、大地が鳴動《めいどう》し割れて、何者かが右手右足を上げて飛び出したところを、役行者がその左足を瞬時に捕まえて「あなたは此処《ここ》に留まり、この戦乱の世を納めなさい」と、金剛宝石の上に留めたと伝わります。これが、蔵王権現様だったのです。

吉野蔵王堂には、過去・現在・未来の三体の蔵王権現様が同じ姿で収まっていらっしゃいます（127頁参照）。平たくいえば、過去も現在も未来も、神も仏も仮に現れた（「権現」の意）姿で全てが繋がっているという、大変合理的な考え方です。

現在の蔵王堂は、一五九四年（文禄三年）に、豊臣秀吉の命によって建てられたものです。全国統一を成して権力を手に入れた秀吉の集大成的な意味があったのではないかと思います。お堂は様々な種類の木の柱を使って建てられており、大屋根を支えています。木そのものを民族・部族の象徴と思えば、様々な家々が過去・現在・未来を乗り越えて蔵王堂を建てていると解釈することが出来ます。

このことは、「翁」の思想と深く関わっているように思えます。

ちなみに、吉野の桜は上中下の三千本。春になると多くの人々を集めます。桜の奇特《きどく》は人を集めること。吉野の山に、人類の一つの理想形が見えてくるのは、私だけではないでしょう。能「国栖《くず》」にはこの辺りのことが描かれています。

能が伝えるもの

これまで、能の始まりに演じられる「翁」が、一秒先の未来を笑うための知恵であり、そののち「能」が始まる、すなわち様々なドラマが展開するのだと述べてきました。

このような能の物語は、どのようにして生まれるのでしょうか。最初に事件があり、それが伝説化します。これを、誰かが記録に留め、戯曲化《ぎきょく》して能という舞台作品になります。大雑把にいえば、そのようなプロセスだといえます。

たとえば、能楽を大成した世阿弥は、男性の権力欲の荒々しさを「修羅能《しゅら》」、つまり戦《いくさ》の物語として描いているのです。おそらく「修羅能」を通して、戦う性《さが》を持つ人の心を是認しつつも「非戦」を主張したのだと思います。そして、一つのジャンルとして立てたと読み取ることが出来ます。

まずは、能の演目の構成と、それが意味するものについて、考えていきたいと思います。

その後、能の物語が、どのようにして広がっていったのかということについてもお話していこうと思います。

能の演目の構成が意味すること

縄文文化二万年ともいわれる日本には、紀元前三世紀頃から様々な民族により色々な文化や宗教、そして祭祀芸能が持ち込まれ、紛争と和解が幾度となく繰り返されてきました。その主な舞台となったのが大和の地で、十四世紀に各民族が持ち込んだ芸能を集約する形で「能」と「狂言」、すなわち「能楽」が生まれました。

室町時代から江戸時代に至る中で完成された能の上演形態は、能楽以前の予祝芸能である「翁」「三番叟」から始まり、「五番立て」という「神・男・女・狂・鬼」のジャンル分けに従って、能の演目が上演されてきました。そして、そのそれぞれの能の間に、狂言が併演されました。

このような上演形態には、どのような意味が込められていたのでしょうか。

まず、原始信仰の形態を伝える「翁」によって、「天下泰平、国土安穏」を祈り、「三番叟」では五穀豊穣を予祝して未来を演じた後、初番目として「神能《かみのう》（脇能ともいう）」が上演され、上演時の「現在」において、大地や民衆を護《まも》る神の出現を仰《あお》ぎます。その次に、現在を生きる本当に身近な人々が、様々な失敗や笑いを狂言として演じます。

ここから後は、狂言を挟みながら、過去の人々の記憶の物語が繰り広げられるのです。

神能のあとの二番目に上演される演目を「二番目物」と申しますが、ここで上演されるのは「修羅能」といい、戦争で死んだ人々の物語です。南北朝期の動乱から戦国時代へと、戦に明け暮れた彼らが、ここに「修羅」を置いたことは、自己否定ともいえる哲学ではないでしょうか。

次に、「三番目物」として、王朝文学や和歌の世界などにことよせて、仏教では成仏出来ないとされた「女性」の様相が様々に演じられます。

「狂」と表現される「四番目物」は、ジャンル分けが不可能な曲種を集めたともいわれますが、「人」が事件や事故に巻き込まれ、日常とは違う状態に置かれた時の記憶が扱われているのだと思います。

最後の五番目物は「鬼」という、異界のものを扱います。人の中に潜《ひそ》む鬼をも登場させ、それに対峙《たいじ》する「人」の世界が描かれています。

このように、五番（「神・男・女・狂・鬼」）を通して、能は様々な世界を語ります。では、これらの物語においてのワキ（脇役のこと）の役割に注目してみましょう。

「神能」で神を出現させるきっかけを作るのは、主に天皇に仕える勅使《ちょくし》（ワキの役）です。まず、舞台において勅使が土地を守る神を顕彰《けんしょう》し、登場させ、人々にその神々が登場した経緯や働きを能の中で改めて説明します。

「修羅能」以降の主役を舞台に登場させるのは、仏僧、修験の山伏です。様々に

上／安永三年（一七七四）大蔵六蔵（八世）一代能初日番組
下／安政六年（一八五九）大坂勧進能　初日番組
（写真：大道雪代）

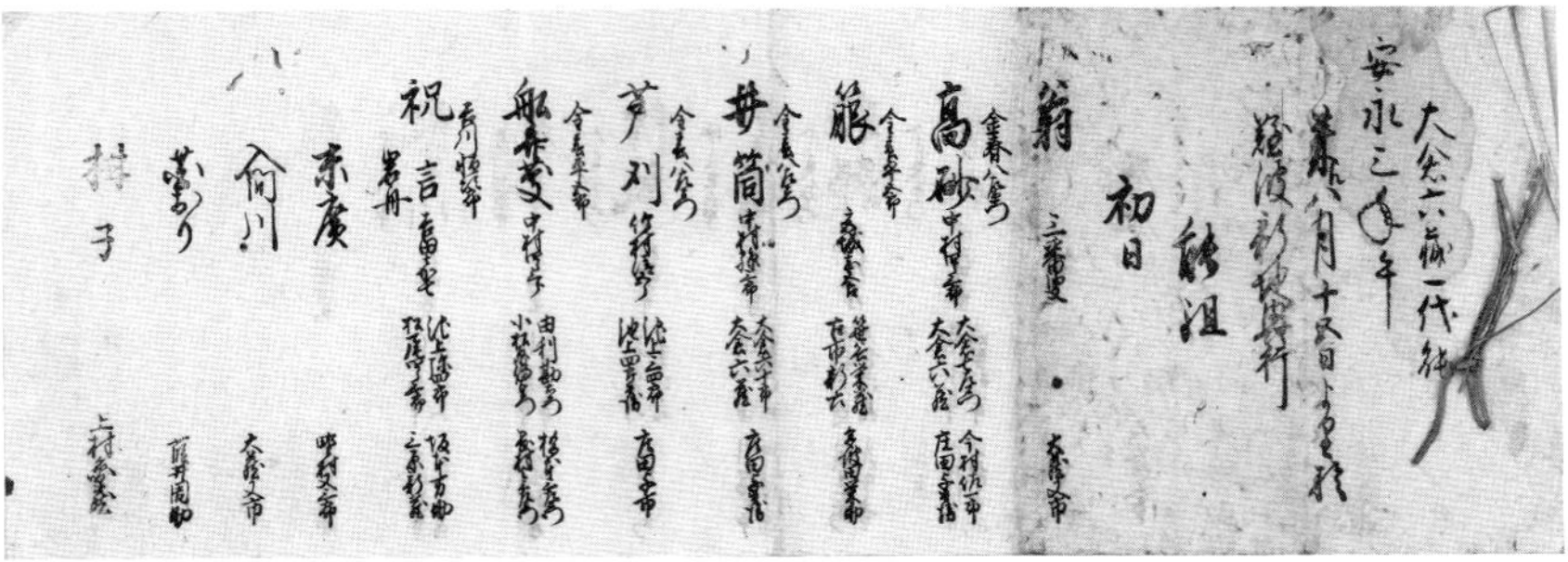

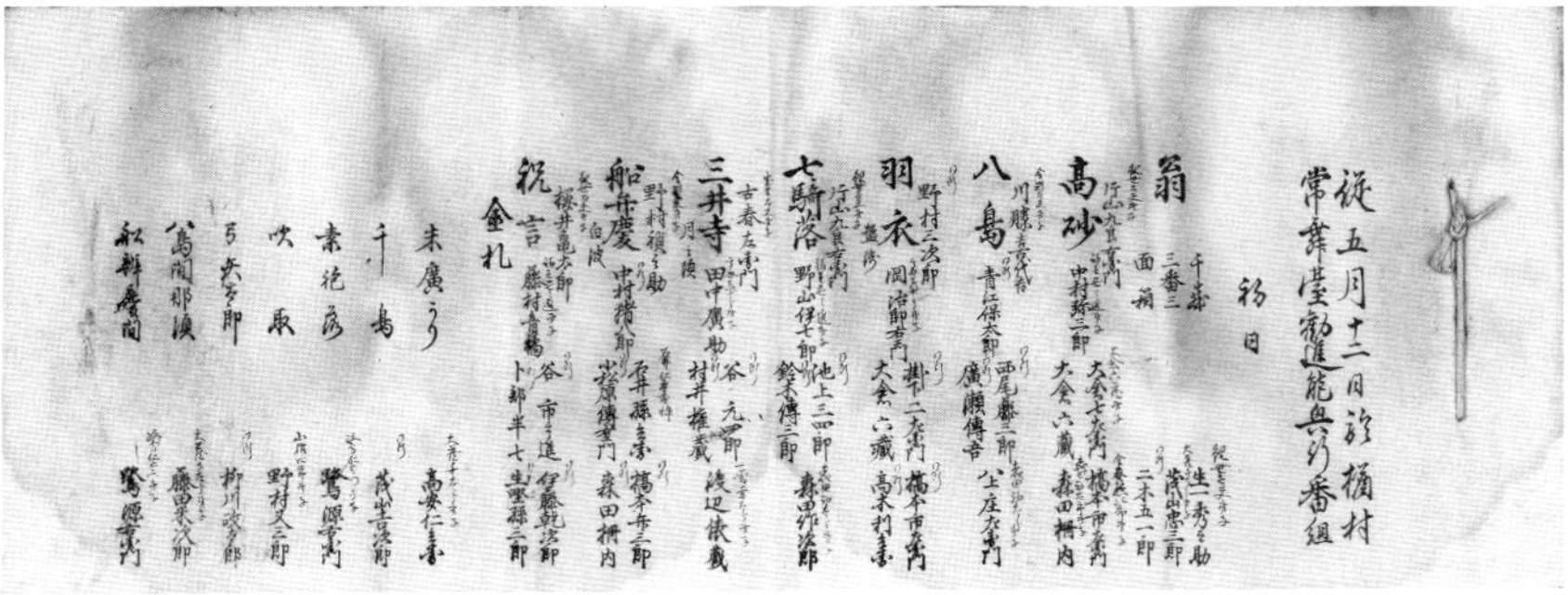

苦悩する人々を法華、浄土などの宗派を越えて鎮魂し、成仏へと導きます。

こうして一日を通して能楽を鑑賞することで、「未来・現在・過去」のことを知り、さらに「神・人・仏」の様々な役割のものが、一つの芸術的世界を創出するのです。このような「能楽」の存在そのものが、多様性（ダイバーシティー）を認め、様々な民族文化を内包した複合（ハイブリッド）国家たる、日本の縮図でもあると思います。だからこそ、能楽は「総合芸術」であり、人類の誇る伝統芸能と賞賛され、ユネスコの世界無形文化遺産にも登録されたのではないかと思っています。

談山神社（写真：大道雪代）

神や仏として広まった能

十四世紀の観阿弥・世阿弥たちが、地域に伝わるオリジナルな文化をよいところ取りしながら、わかりやすく面白いミュージカル仕立てのようにしたのが、「能」だったのだと思います。ですから、能をよく見てみますと、各部族が伝えていた、早歌《そうが》、白拍子《しらびょうし》、延年《えんねん》、雅楽《ががく》などの色々な音曲が入っていることがわかります。

近年、奈良県立図書情報館の館長・千田稔先生は、奈良県中南部の寺川流域が能楽の発祥地として、地理的・政治的に現実性を帯びるとの見解を示されました。

確かに、談山神社を濫觴《らんしょう》とする寺川流域を中心に地図を広げてみると、聖徳太子が幼少期を過ごした宮跡の他、太子を支援した秦氏や蘇我氏傍流の小姉君ゆかりの地があります。また、神武天皇の即位した磐余《いわれ》や、大和四座のうち外山《とび》宝生、田原本《たわらもと》金春、結崎《ゆうざき》観世の座元も存在し、日本の国名でもある「大和」川と合流することで、座元の坂戸金剛とも繋がっています。

さらにいえば、観世流は長谷寺もしくは妙楽寺（談山神社）の観音様、宝生流は信貴山《しぎさん》の宝生融通尊、金春流は金毘羅《こんぴら》大権現、坂戸金剛流は吉野金剛蔵王権現とも葛城金剛山ともいわれていますが、いずれにしても、大和に祀られている神仏を名に戴き、動かぬ大和の仏に対して、役者たちは日本国中を演能して周り、その名を全国に知らしめたのではないでしょうか。

能楽の祖先を訪ねる

伊賀上野城の薪能《たきぎのう》に大槻文藏先生たちと一緒に伺うことがありました。その時、「観阿弥の生まれた家があるから一回行きましょう」と主催の方に誘われて伺いましたところが、「上島家文書」をお持ちの家だったのです。

聞くところによれば、この家が観阿弥の生家になるとのことで、楠木正成《くすのきまさしげ》の妹が観阿弥のお母様になるといったような話を聞き、驚きました。観世家の矢車紋の入った燭台《しょくだい》の一式が夜演能するために残っていたとか、鎌倉期の鎧兜《よろいかぶと》が何両も残っていたが泥棒に入られたので、今は金庫に保管してあるといったお話を伺ったり、子どもの頃に赤鶴《しゃくづる》などの室町時代の能面をつけてチャンバラをして遊んだ話にびっくりしました。その他、観阿弥時代に翁面とネギが伊賀上野から大和へ飛んで行ったという伝説があり、天から翁面とネギが降ってきたという結崎の伝説と符合するお話に只々驚きました。

当時はよくは知らなかったのですが、上島家文書は表章《おもてあきら》先生が若い頃に偽書として発表され、以後論争が続いていました。近年、梅原猛先生がこの文書を元に新作能を書かれ、再び表先生がそれを論破する本を出版され話題になりました。

私のほうは、この出会いから観阿弥の妻（世阿弥の母）の生家である播州（兵庫県）永富家ともご縁が繋がり、能楽の祖先を訪ねるきっかけになりました。

エンターテイメントとしての能へ

能を大成したのは世阿弥だといわれていますが、伊賀上野から大和、そして京都に出て、足利将軍に認められることによって、現在に繋がる能楽へと歩みが進められてきました。では、大和で演じていた時と、京都という新しい都市に出てきた後とで、能はどのように変化をしていったのでしょうか。

伊賀上野では、過去に世阿弥のことをよく思わなかった時期もあると聞きました。上島家の伝承として聞かされたことですが、その言葉の意味を理解するのに相当な時間がかかりました。当時の私にはよくわからなかったのですが、もともと大和で生まれた神仏に奉仕する芸能は、大和の国造りの労苦を作品にして全国に広げるという役目を担っていたのだと思います。ところが、それが京の都に行ったことで、今でいう「娯楽」のような、貴人たちに楽しんでもらえる、エンターテイメントとしての能を世阿弥は書き始めたのです。要するに、平安時代以来の王朝文学などを元にした能です。世阿弥はそういう作品を成したことによって、能は飛躍的に文学的にも芸術性が高まりました。戦後の能楽研究では、作品も芸論も素晴らしいと評価されて、一時は世阿弥研究一色となり、世界中にその名がとどろきました。考えますと、足利義満が傲慢《ごうまん》だったおかげなのかもしれません。

能の歴史的なターニングポイントは、やはり観阿弥・世阿弥なのだと思います。

能楽が全国に広まった理由

徳川幕府が政権を握ってすぐに行ったのは、参勤交代と、能楽を式楽《しきがく》に制定したことでした。参勤交代のことは学校の先生も教えます。ところが、能楽が式楽に制定されたということを、ちゃんと説明された人は、ほとんどいないのではないかと思うのです。参勤交代は、贅《ぜい》を凝らした大名行列をさせることでお金を使わせて、要するに軍隊を持たないようにさせたのですが、式楽の制定にもそれなりの理由がありました。

足利六代将軍義教が倒されたのも、お能を観て油断している間だったと伝わります。織田信長も攻められているのに、「人間五十年」などといって幸若舞《こうわか》を楽しんでいました。ずいぶん脚色されて伝えられてはいますけれども、豊臣秀吉もそうですよね。お茶を知ってのめり込み、そして、五十歳以降は、能に狂ってしまうのです。

秀吉は肥前（佐賀県）の名護屋城に滞在し、そこで手慰《てなぐさ》みに習った能にハマっちゃうんです。もう、晩年は能狂いといってよいと思います。それで、秀吉もまたそうやって遊んでいる間に、戦に負けるわ、徳川家康のいいようにされてしまうわで、結局家康に政権をとってかわられます。

家康という人は、そういう、短い間に色々な人が失脚するのを見ています。そ

文禄二年(一五五二)豊臣秀吉禁裏能番組
秀吉五十六歳の演能番組
(写真：大道雪代)

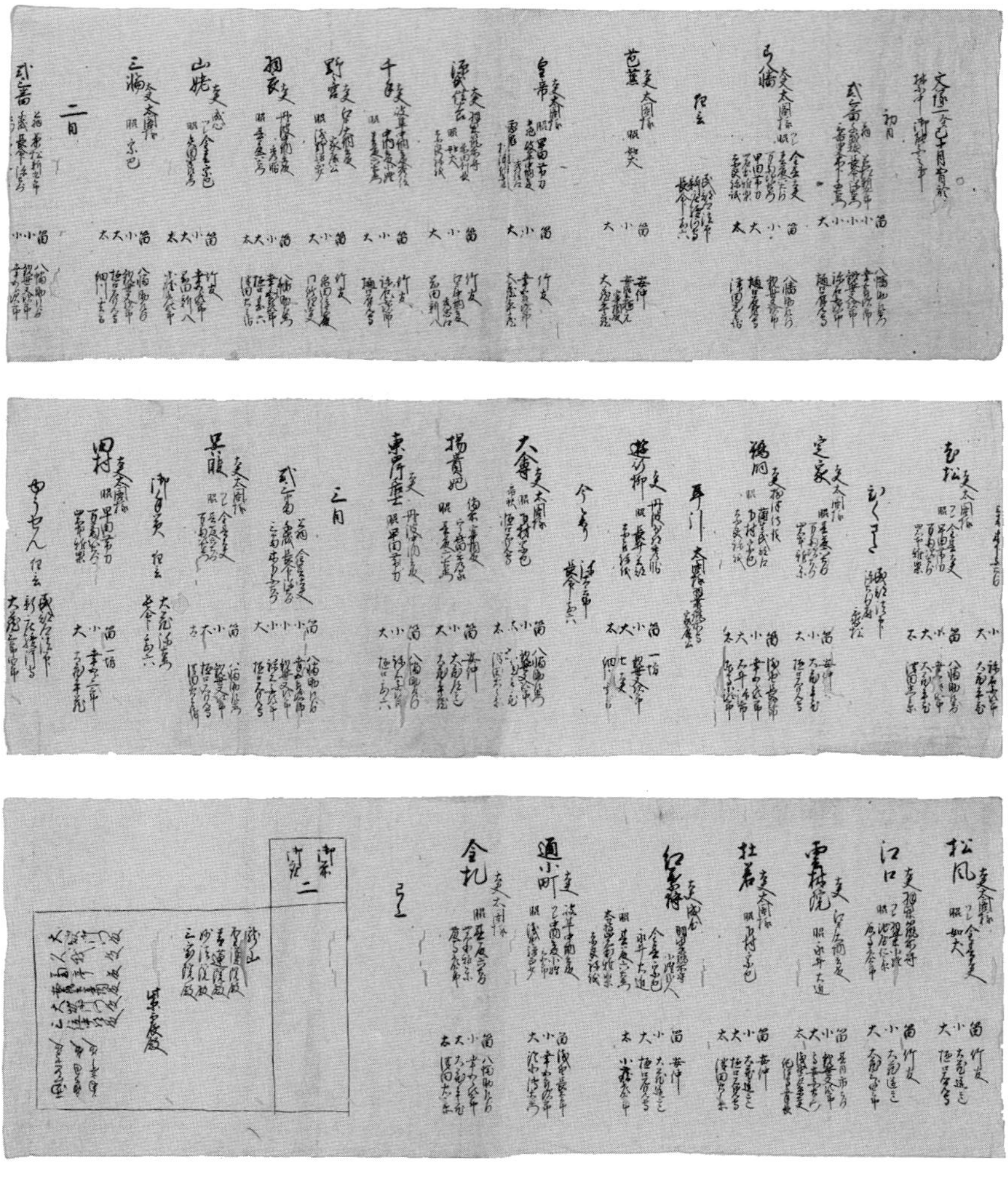

の原因はというと、自分たちの遊びのために、芸能にうつつを抜かしている間に、周りが武力を整えていたということに気がつくわけですね。そこで、これはいかんと、自分が政権をとるや否や、真っ先に行ったのが、参勤交代と能楽を式楽に制定したことだったのだと思います。

参勤交代は先ほど述べたとおりですが、式楽にしたということは、全国の藩にいわゆる能楽団を作らせて能楽師を抱えさせて、藩主たちにそれを習うようにさせたということなのです。習わされた藩主たちも、義経の役をしたりして、けっこうハマッたのだと思います。

そして、京都の禁裏が中国・朝鮮半島の朝廷を真似て雅楽を国楽としたように、徳川幕府は能楽を式楽に制定して、それを武士の嗜《たしな》みであることにしたのです。

徳川文化行政の功罪

江戸時代、能は式楽となったことで、全国に広まりました。このことは、能にとって、どのような変化をもたらしたのでしょうか。

一つには、能が平民にとっては、見るチャンスが減ったということでしょう。もともと農民と能楽は密接に繋がっていた（27・71・263頁参照）にも関わらず、武家のものとして全て抱え入れられた江戸時代には、ほとんどお城の中でしか見られなくなってしまいました。能楽が過保護にされた時期で、様々なよい影響もあったのですが、逆に能楽にとっての悲劇でもあったともいえると思います。

一方、江戸時代は、能楽師にとっては、純粋に能だけを演《や》っていればよいという時代でした。私の先祖様は江戸幕府直轄《ちょっかつ》ですから、江戸徳川家に仕え、各藩には弟子家のお家が抱えられていました。たとえば、紀州には小松原などの家が入って、またそのさらに地方には弟子家の師匠が行くわけです。

封建社会という、絶対権力者のいた時代のことを、今の人たちが想像するのは難しいかもしれません。徳川幕府が右向けといったらみんな右向く、個人よりも家のほうが大切な時代です。そのような指向性に合う人にはやりやすかったでしょうけど、泣いた人も多かったと思います。嫌々演っていた人ももちろんいたでしょうし、とりあえず「しゃあないし演っておこう」みたいな方もいたでしょう。

制約の中で多様性が生まれた

能が式楽であるということは、たとえば、舞台で間違えたら切腹とか、殿様の意に添わなかったら島流しとかいうような環境で能を演り続けるということです。スリルがいっぱいであると共に、非常なプレッシャーだったことでしょう。ですから、流儀によってはレパートリーをうんと少なくして、間違えないように覚えるというような状況を招いたのも事実です。

観世流二百四十番の曲を内・外・別に分けて、「内」の何十番かは、言われたら今すぐ演れないとダメ、「外」は一週間の猶予がある、「別」は一カ月の猶予がある、というように区分した流儀もありました。ですから、その座付きの人たちは、いつ所望されても出来るようにしておかないとだめですから大変です。それが出来るのが「大夫」であり、当代、つまり座に付随する家の当主の責任者なのです。

囃子方も、各藩の能楽団に所属していました。たとえば、彦根の井伊家なら井伊家に専用のお抱えの能楽団がいたわけです。そして、私共の例でいうなら、大倉六藏なら六藏という家名を継いで、当代として登録されている間は、所属している金春流なら金春流の流儀のそのレパートリーを、いわれたらすぐ出来るようにしておかないといけないわけです。

これは、口でいうのは簡単ですが、実際は大変なことです。そんな時代に生まれなくてよかったと思います。

しかしこれは、レパートリーを広げるよりも限られた作品に向き合うという、能にとっては芸術的に深まる時代でもあったということです。今のように便利ではなく、テレビ中継もないですから、能は各地域で独特のネットワークを持ちながら、特色のある育ち方をしました。たとえば、紀州は紀州のやり方があるといった具合に、各地で独特のお能が発達していったわけです。そして、細川家のように能が好きなお家は、一軒でもいいところを、三軒のシテ方を抱えて競わせていたのです。そのために、熊本には名人が多く輩出しました。

江戸時代、同じように式楽としてやれといわれても、様々な展開があったのです。

能の芸と技術が深化した理由

一方で、徳川時代は何が面白かったかというと、何といってもお上の命令により専業で能をすることが出来たということがあると思います。そのおかげで、能楽は格段に内容が深まりました。これしかしてはいけないとなると、そのことを一所懸命にやりますよね。このようなことは、時の権力者がよい意味でわがままを言わないと実現しないことです。

山口憲《あきら》氏の能装束研究所が滋賀県の長浜にあるのですけども、こんな話を伺ったことがあります。室町時代は糸の色の数が数十色と増えるのだそうですが、江戸時代になると色数を限定したそうなのです。基本十何色というように。ですから、江戸以前の装束はもっとたくさんの色が使われているのですが、基本八色くらいでしか織られなくなったのです。しかし逆に、ものすごく技術が発達したそうです。

それはどういうことかというと、その基本八色で織られた生地《きじ》が、色別にどのように褪色《たいしょく》するかということまで計算に入れて織られるようになったということです。人間が一つのことに集中したら、それだけ細かいところまで見えてくるという事例ですね。

そのようにして、人間は規制されたり、逆に自由にしていいよと言われたり、規制と緩和が繰り返されることによって育つのだと思います。私は戦争肯定者ではありませんが、非常に特殊な時代や、一時的に非日常に置かれることによって、平和のありがたさがよくわかったりすることがありますよね。平和な徳川二百六十年の時代があったからこそ、能の文化がここまで深まったということも、私たちは心に刻んでおかなければならないと思います。

錦絵「町人御能拝見之図」（部分） 揚州周延筆 国立能楽堂蔵

統治者の必須科目として

江戸時代の藩主たちは、いわば遅れてきたリーダーです。その彼らがなぜ民を統治することが出来たのでしょうか。

これは私なりの解釈なのですが、各地には藩主が来る以前から文化度の高いエリートたちがいました。というのは、当時すでに地域ごとに春日神社や八幡社などが全国に広がっており、当然そこには神主さんが行くわけです。神主というのは、そもそもどういう人でしょうか。物部《もののべ》氏や中臣氏ですよね。つまり、文化を持った人たちなのです。言葉の司でもあり、祝詞《のりと》をあげられる人。ですから、村のリーダーになれる人たちなわけです。

次に、庄屋様になる人たちはどういう人でしょうか。農業技術を持ってる人ですよね。中央でその勉強をした人たちです。ということは、藤原文化をしっかり学んだ人たちが庄屋様になっているということです。ですから、明治維新以降はその人たちが郵便局長になるわけです。知識を持った人たちが全国に宮司と庄屋様という形でいた。今でも田舎へ行きますと、宮司さんや郵便局の方で、佐藤さんや藤原さん、鈴木さんといった苗字がものすごく多いのです。

その方たちのお家へ行って話を聞いていると、私の先祖は、たとえば、清和源氏ですとか、桓武平氏ですといって、家系図も出してこられることがあります。や

錦絵「町人御能拝見之図」 揚州周延筆
国立能楽堂蔵

はりすごい誇りを持っておられるのです。

そういう誇りを持った人たちのところへ、殿様だからといってポンと行っても、やはり権力だけでは信頼されないですよね。ですから、謡曲《ようきょく》（能の謡）文化をちゃんとわかっておけという政策は、徳川さんの賢さだと思います。つまり、嗜みとして謡曲を一節でも謡わせて、芸術を理解出来る人たちを藩主に置いたということなのです。これはすごく賢い政策だったと思います。それによって文盲率が下がり、識字率は上がりました。また、方言を使っていた人が、所領地が決まって突然その土地に行っても、謡の時だけはちゃんと「候《そうろう》」などといって、何となく偉そうなことをいうことが出来たというわけです。

神主さんや庄屋様を超えて統治する力を、能の文化と教養が藩主に与えたということです。「あの方は普段はあんなのだけど、わかってる人だね」と一目置かれたことでしょう。つまり、日本全国を治めていくために、能楽は大変な効果を発揮したわけです。

また、その頃、印刷技術が京都で大きく発達します。今の檜書店の前身の山本長兵衛という方が、京都で印刷技術を大変に発展させました。いわゆる「謡曲本」を「山本長兵衛本」として、寛政や元禄の時代にものすごい勢いで印刷され、そのために謡曲が全国へと一挙に広がります。

こうして能楽が全国に広がっていったおかげで、江戸時代の文化はより豊か

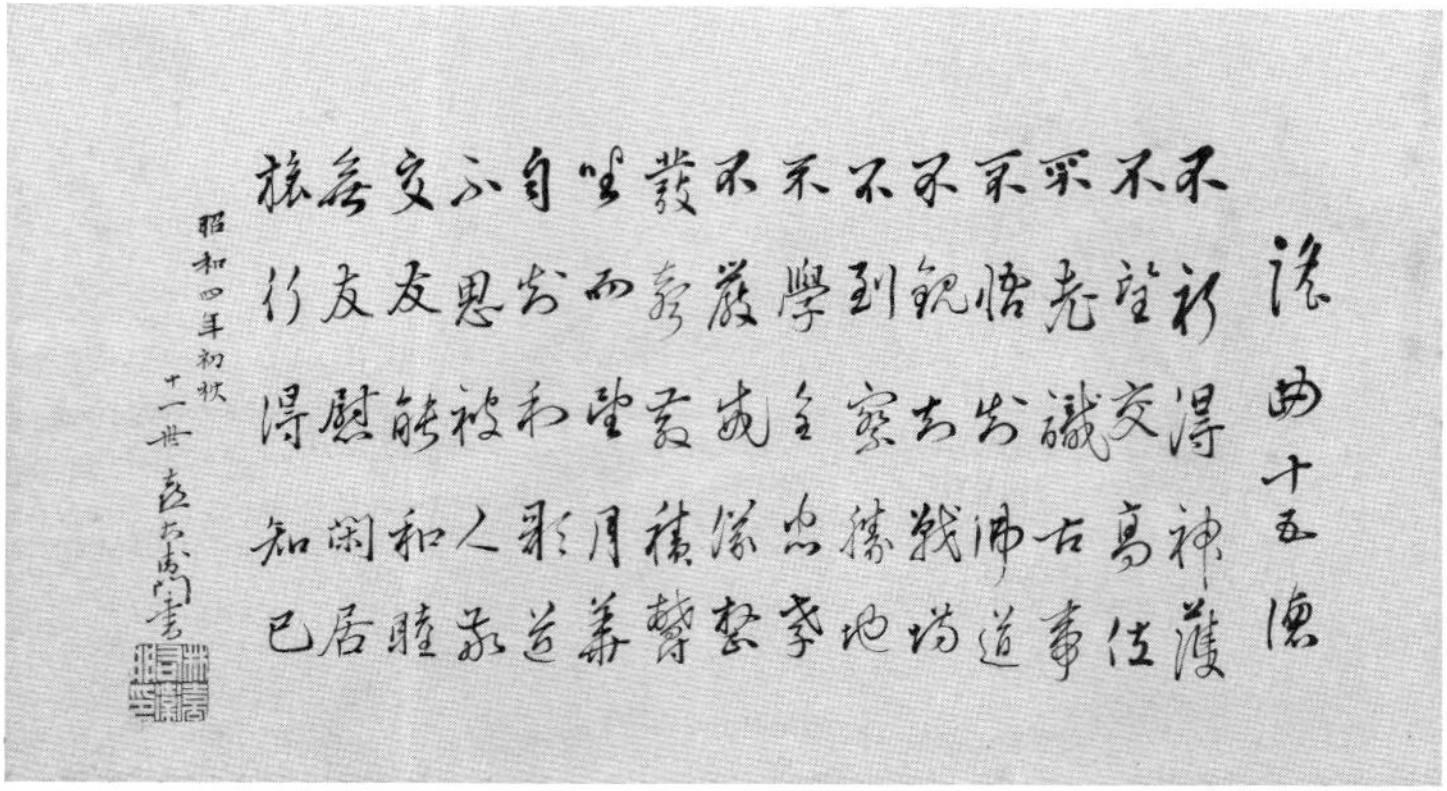

謡曲十五徳　林喜右衛門家蔵
（写真：大道雪代）

になったと思います。それは、ハード、ソフト両面において他の分野にも大きな影響を与えているのではないかと思います。

「謡曲十徳」※や「謡曲十五徳」をご存知でしょうか。謡曲を習っていると、知らず知らずのうちに十や十五の徳が身につくということです。たとえば、「その地に行かずしてその土地のことを知る」「知らずして貴人の世界を知る」「知らずして漁師や猟師の世界を知る」など。要するに、能を学ぶことによってヴァーチャルで色々なものを体験出来るということです。今に置き換えるとそういうことになるかと思います。そうした「徳」が身についたおかげで、統治者、各藩の藩主、殿様が、人の心がわかる統治者になったというわけです。人が過ちを犯す原因を知っている統治者になったということですね。

※各流派や各家により記される文言は多少異なりますが、十ないしは十五の徳が述べられています。

ギリシャ、アテネの野外円形劇場遺跡

過ちを知る知恵が世界を治める

能では、あらゆる階層の話が展開します。それは、あらゆる層の人々の心を知ることに繋がります。そして、過ちに起因する事件（恋をして失敗したとか、子どもが人さらいに遭うなど）を取り扱った作品が大半を占めています。それを知ることによって、悲劇の原因を知る統治者が増えるのです。逆に、能の上演は、統治者の苦しみを庶民に理解してもらう発信の場でもあったと思います。能楽は統治者と庶民の心の交流にも、人々の英才教育にも役立ったようです。

江戸時代に能楽は武士のものになりましたが、謡曲は出版物を通して庶民に親しまれていましたし、「御能拝見」といって特別な日には江戸城での観能を町人に許したのですが、大変な人気だったようです（46頁図版参照）。

また、式楽というシステムによって、優れた統治者を何世代にも亘《わた》って育てていく基盤が江戸時代に出来ました。これと似た先例は、外国にもあります。古代ギリシャ人は、いわゆる議会政治を世界に先取りしていました。図書館を作って記録を残し、劇場も作りました。本は読めない人が多いから、劇にして見せたのです。二〇一六年にギリシャに伺って、議会制民主主義、図書館、劇場の三点セットが揃った紀元前六世紀の遺跡を見て、改めてその先例の偉大さに感動しました。家康はこのことを知っていたのかもしれませんね。

神の気配

建築家 磯崎 新

ジャン=ルイ・バロー劇団が「繻子の靴」公演で来日したとき、飯田橋能楽堂の近くに住んでいた私のアトリエで歓迎会を催した。そのとき観世寿夫さんから「あなたは建築家だから能舞台空間を研究したらどうですか」と一言いただいた。それが私にとっては能の導きの糸口になった。「バッコスの信女」（一九七八・岩波ホール）の上演中に倒れられる直前に絶妙な舞台空間論を残された。

「能舞台は観客の中に押し出した立方体の空間ですが、その中に立つ演者は目に見えない力によって無限に前後左右から引っ張られ、それを内面の息のつめひらきやからだの動きによって集約したり開放したりする。謡われている詞章なり、旋律なり、リズムなりと一体化して、何らかの訴えを感じさせる。」（「能の抽象性と自然」『草月』一九七七・十）

能舞台空間のすべてが語られている。立方体の舞台形式ができあがる以前の演能は、自然光のもと、太陽の運行に合わせて演じられたにちがいない。その初源の姿が「おんまつり」や「談山翁」だといわれる。ざわめく樹々の音や鳥の鳴き声のなか、それを切り裂くような〈声〉が響き渡る囃子方の最初の一声が神の到来を告げる。舞台空間は神の気配でみたされている。

私にとっての能

武道と能楽

神戸女学院大学名誉教授
内田　樹

能楽を始めたのは、中世日本人の身体運用を知りたく思ったからです。それまで長くいくつかの武道を稽古してきましたが、古流の伝える型の中には現代人的な身体の使い方をしている限り、できないものがいくつもあります。近代以前の日本人の歩き方、座り方、身体の捌き方、着物の着付けなどを知らないと古流の術理がわからない。そういう（いささか不純な）関心から観世流の下川宜長先生に就いて謡と仕舞を習い始めて二十年になります。

澤庵禅師の「不動智神妙録」も柳生宗矩の『兵法家伝書』も随所で能楽の比喩を用いて極意を語っておりますが、能を稽古していなければ、これも読み解くことが難しかったと思います。その意味でも裨益するところのまことに多い能楽修業でした。

第二章

鼓という楽器

鼓胴　春秋蒔絵（写真：大道雪代）

「鼓は世界の耳である」というのは、一九九二年に私家版で『小鼓――心に響く音と技の世界』という本を出させていただいた際に、哲学者・小林康夫氏に寄稿いただいた中で述べられた言葉です。

人類が初めて手にした楽器が打楽器といわれる中、たまたま自身が小鼓方という職家に生まれたことで、この世で小鼓という楽器と出合ってしまいました。この章では、日本において独自の発展を遂げた「鼓」に注目して、その独自の世界について、ひもといていきたいと思います。

鼓のルーツを探る旅へ

「ドラムロード」への誘い

鼓の話や能の根底にあるものについて話を進めていきたいと思いますが、おそらく日本中を駆け巡ることになります。どうか目を回さないようお付き合いください。

幼少の頃より私の中では鼓が一番身近な楽器、いえ、「お道具」（249頁参照）でした。子どもの頃はピアノやリコーダーなどの学校で習う洋楽の楽器とは違って、父や祖父に厳しく指導されましたので、鼓は特別なお道具という思いが子ども心に自然とありました。

そして、ある時期に、鼓のルーツは何かということに興味を持ちました。二十歳を過ぎた頃のことでしたでしょうか、狂言方の野村耕介（五世万之丞）氏や文化人類学を勉強されていた観世暁夫《あけお》（九世銕之丞《てつのじょう》）氏たちと、仮面のルーツや能のルーツについて語り合う機会がありました。その中で、必然的に鼓のルーツはどうなっているのかという話が出てきたのです。

野村耕介氏は、仮面のルーツを探ると言って、ものすごいスピードで仮面について勉強し、シルクロードならぬ「マスクロード」を遡《さかのぼ》る旅をして、NHKで番組を作ったり、本を出されたりして、さっさと彼方に行ってしまわれました。しかし、こちらはそういう力もありませんので、「ドラムロード（鼓の道）」について、

トーキングドラムの皮張り作業（セネガル）

ゆっくりゆっくりと勉強をさせていただいております。

二十七、八歳くらいの頃に、大門四郎氏という前衛舞踏家の公演に、笛の一噌仙幸《いっそうひさゆき》氏とピアノの山下洋輔氏と私が音楽制作の依頼を受け、三週間にわたりフランスを中心にヨーロッパを周ったことがありました。

その公演に参加していたダンサーの一人に、コフィーココというモロッコの黒人の方がおられて、私の鼓を見るや否や、「その鼓によく似た楽器を持っている」と見せてくれました。しかも「交換しよう」と言ってこられたのです。それは、北アフリカの「トーキングドラム」という、脇に抱えて音に変化をつけることが出来る太鼓でした。革を張る紐と紐の間から胴を見ると、小鼓の胴とそっくり。つまり、胴が三分割になっている姿をしていました。その時、演奏もしてくれたのですが、それは、鼓で相手と話をすることが出来る、というものでした。

この体験について、よく長女に話しておりましたところ、大変興味を持ってくれて、世界の不思議を発見するテレビ番組に「鼓のルーツを探る」というテーマで応募し、スペシャル番組のリポーターに運よく採用され、親の代わりにアフリカまで本物を見に行って来てくれたこともありました。番組を通してではありますが、小鼓という楽器のルーツがアフリカにあるという認識を濃くすることの出来た機会でした。

鼓胴　女内蔵折居作　談山神社蔵
（写真：大道雪代）

同　カンナ目

四百年目の再会

小鼓方としてのこれまでの人生で、大きな出来事はたくさんありますが、その中でも、多武峰談山神社との出合いは大きなものがありました。その経緯については第一章で詳しく述べましたが、二〇一〇年の寅の年、重なるように次々と私を能楽や小鼓のルーツを探る旅へと誘ってくれるような出来事が起こったのでした。

談山神社は、もとは妙楽寺という名の寺院でした。幼い頃からこの「妙楽寺」の名にどこか惹《ひ》かれていたのは、その北の麓《ふもと》に鼓の産地である下居村《おりいむら》があったためかもしれません。

一九八七年頃に初めて談山神社に参勤させていただきましたが、その際、父が大切に舞台で使っていました「女内蔵折居《めくらおりい》」の胴（鼓胴《こどう》）を持参しました。そして、談山神社の禰宜《ねぎ》様に、神社に鼓が残っていないかとお尋ねしました。そして、もし残っていましたら見せていただけないかとお願いしましたところ、一本だけ、まぎれもない「女内蔵」作の胴が残っていました。状態も大変よく、あまり使われていなかったらしいことが見てとれました。削り上げたカンナ目も新しく、たった今出来上がったような仕上がりで、さながら四百年前の新胴と出合えたのです。

この胴が、漆蒔絵《まきえ》が施されていない木目が美しい木地のままの胴だったことは、

鼓魂の会　奉納

鼓魂の会　シンポジウム

一つの奇跡かもしれません。仮に、よい蒔絵が施されていたとしたならば、売られたり盗難に遭ったりしていた可能性も高いと思います。実際にそのような例が各地でありますので、蒔絵がなかったことが幸いして神社に残ったのではと思えました。

その日、持参した革をその胴に合わせて打ちました。山々にこだまして素晴らしい響きが蘇った、感動のひとときでした。

そして、この感動的な音色を一人でも多くの方に聞いていただき、またその意義と歴史を人々にも知ってもらうことが出来ればとの思いから、多武峰の女内蔵折居の音色を当地で聴く「鼓魂《こだま》の会」を結成し、開催いたしました。

日本中で使われている鼓という楽器の基礎が、多武峰で作られたという事実を知る人はほとんどいません。ご当地の、多武峰の方々もご存知ない方が多いようです。桜井市に「小鼓の里」とするのはどうかと提案させていただきましたところ、最近は観光案内などにも載るようになり、ある程度浸透してきたように思います。

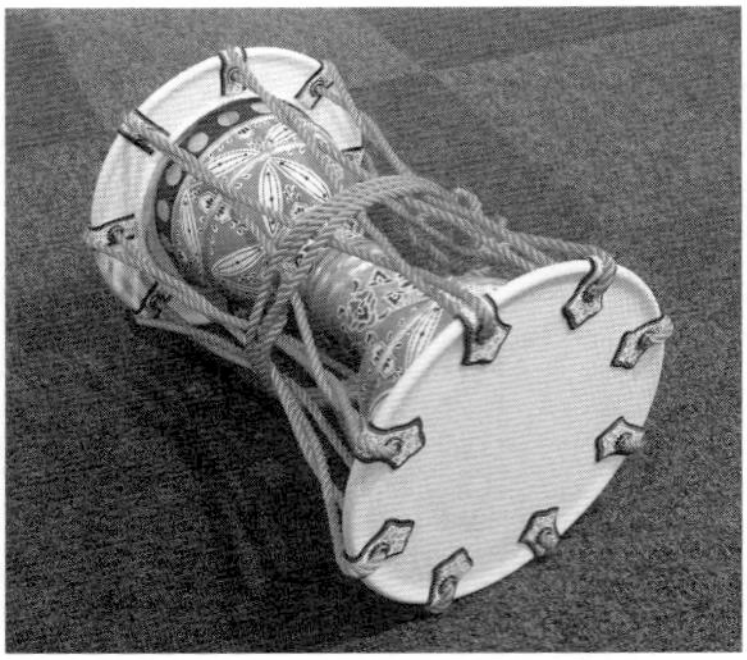

高麗楽　三ノ鼓
宮本卯之助商店太鼓館蔵

韓国　杖鼓
宮本卯之助商店太鼓館蔵

世界の鼓からルーツを探る

ここからは、鼓という楽器の歴史を遡《さかのぼ》る旅に出たいと思います。

人類が初めて手にした楽器は、打楽器といわれています。人類の起源といわれるアフリカに打楽器としての鼓のルーツがあり、それが世界に広がっていったとするならば、鼓は地産地消、つまり、世界各地で現地の素材によって作られていったということがいえるでしょう。

その中でも、ハガネの技術が確立していない地域では、鉄で輪を作ることが出来ず、そのため、鉄輪に皮を張る技術がないということで、木の胴に皮が直《じか》張りになっています。ところが、大陸でハガネの技術が発達したことによって、日本には直張りと鉄輪張りとの、二つの技術が伝来しました。鉄輪張りのメリットは、より音の調節がしやすくなるということです。

ドラムロードの中での進化を仮定するならば、伝播のスピードが陸地よりも数段早いといわれる海岸伝いには、縄文文化、あるいはモンゴロイドといわれる文化があり、そこでは原始的な鼓を持って回ったのだと思います。次に、シルクロードなどの内陸部で数千年に亘って文明が発達したようなところで、ハガネの技術が発達したと考えられます。それが紀元前三世紀の徐福伝説の頃、または六世紀の仏教伝播の頃に日本に渡来し、現在の日本の鼓の原型となったという仮説を

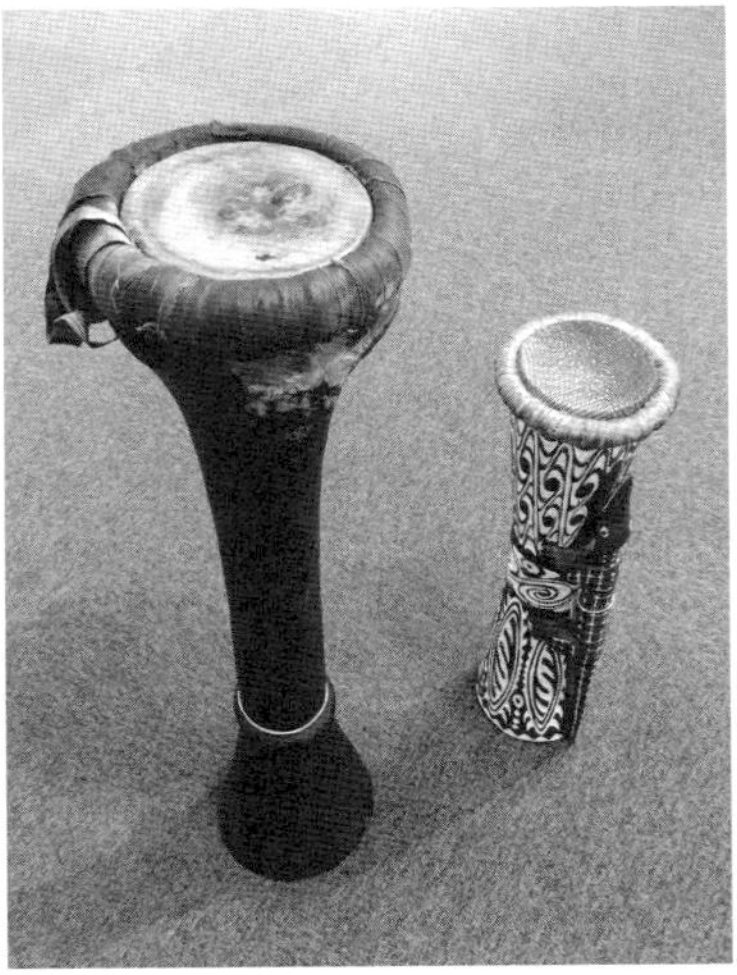

インドネシア　クンドゥ　宮本卯之助商店太鼓館蔵

立てることが出来ます（ここでいう鼓は、太鼓の総称と考えます）。その中で、手に持って踊って打てるサイズ、いわばコンパクト版が小鼓になったのだと思います。形は色々とありますが、肩などに紐でぶらさげる大きさの「三ノ鼓」や、サムルノリなどの「杖鼓《チャングー》」から大鼓になったのだと考えられます。さらに、鼓という字の旁《つくり》は「支える」という字ですが、これは、台に置いて撥《ばち》で叩く太鼓や大太鼓のことなのだと思います。これらを見ると、実に多くの種類と大きさの鼓が日本にあることに改めて驚かされます。

たとえば、大陸沿いに伝わった鼓は、太鼓そのものの大きさを変えることによって音を変えるという特徴が見られます。太鼓のサイズが大きいと音が低く、小さければ音が高いというような具合です。これが、大陸の太鼓の特徴です。

これに対して、南洋系の、海沿いに伝わった鼓は、湿度変化の影響が大きいといえます。大陸風が吹くと乾燥しますし、海からの潮風が吹くと湿度が高まります。そうすると革が伸びてしまうために、鼓の音が一定しないのです。そのため、手元でたえず音を調整する必要がでてくるということです。こうして調整することによって、一つの鼓でも、色々な音を出すことが出来るようになったというわけです。

はるか昔に、アフリカから海伝い、内陸伝いという、二つのルートに

雅楽の太鼓　宮本卯之助商店太鼓館蔵

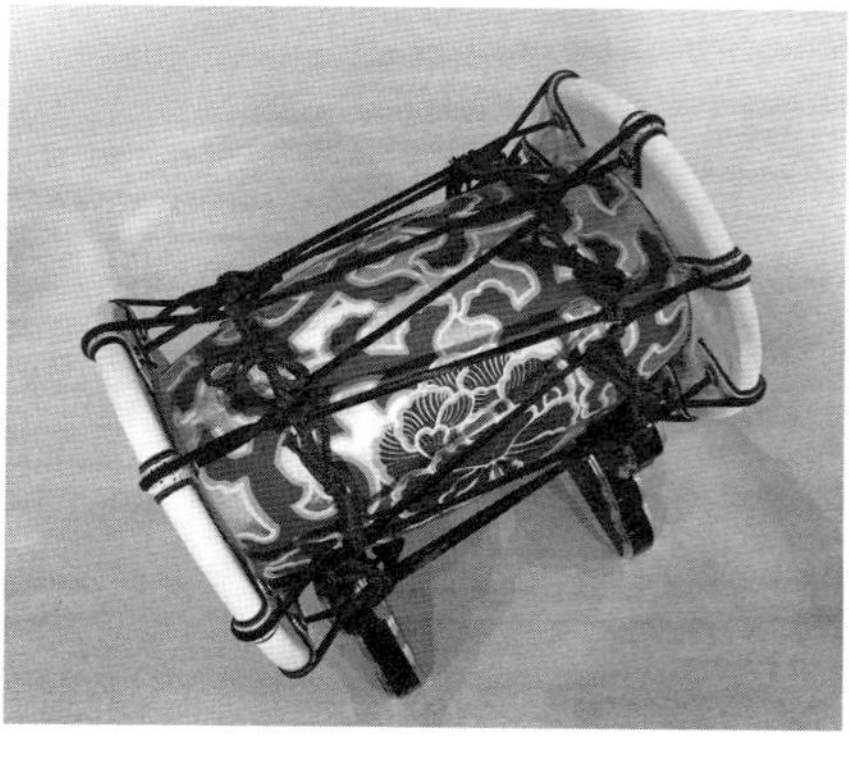

唐楽　鞨鼓　宮本卯之助商店太鼓館蔵

よって鼓は旅をし、遠く南米チリまで到達しました。その旅の過程で、それぞれに発達したものが、日本列島、東南アジア辺りで再び出合って、各地域でさらに色々な鼓になっていったのです。

鼓を打つたびに、そんな遠き道のりを歩んできた「ドラムロード」へと、想いを馳せてしまいます。

鼓胴　桜鳴子蒔絵　生〈せい〉作（写真：大道雪代）

能楽囃子を構成する三つのデザインコンセプト

小鼓という楽器が、どのような形をしているか、ご存知でしょうか。よく見れば、ちょっと不思議な形をしています。そう、胴が三分割に区切られているような形なのです。音を出すという原初的な役割からすれば、空胴になっていればよいところを、なぜ三分割になっているのでしょうか。ここではそんな鼓の形に関する「謎」に迫りたいと思います。

まず、能楽で使われる楽器をご紹介しましょう。能楽では三つの打楽器が使われます。小鼓《こつづみ》、大鼓《おおつづみ》、太鼓《たいこ》。この三つです。実はこの三つの楽器は、それぞれ全く異なるデザインコンセプトで作られているのではないかということに気がつきます。正しいかどうかはわかりませんが、私の経験から感じることなどを交えて、お話させていただきたいと思います。

先に、鼓のルーツはアフリカの太鼓ではないかという見解をご紹介しました。たとえば、北アフリカにある太鼓は、節のない三分割の砂時計型になっています。つまり、現在の日本で見られる鼓の胴と全く同じデザインなのです。これがおそらく、縄文文化、つまり、インドネシアに伝わり、日本へと入ってきた南方系のものとしての、小鼓のいわばデザインのコンセプトになったのではと考えられます。

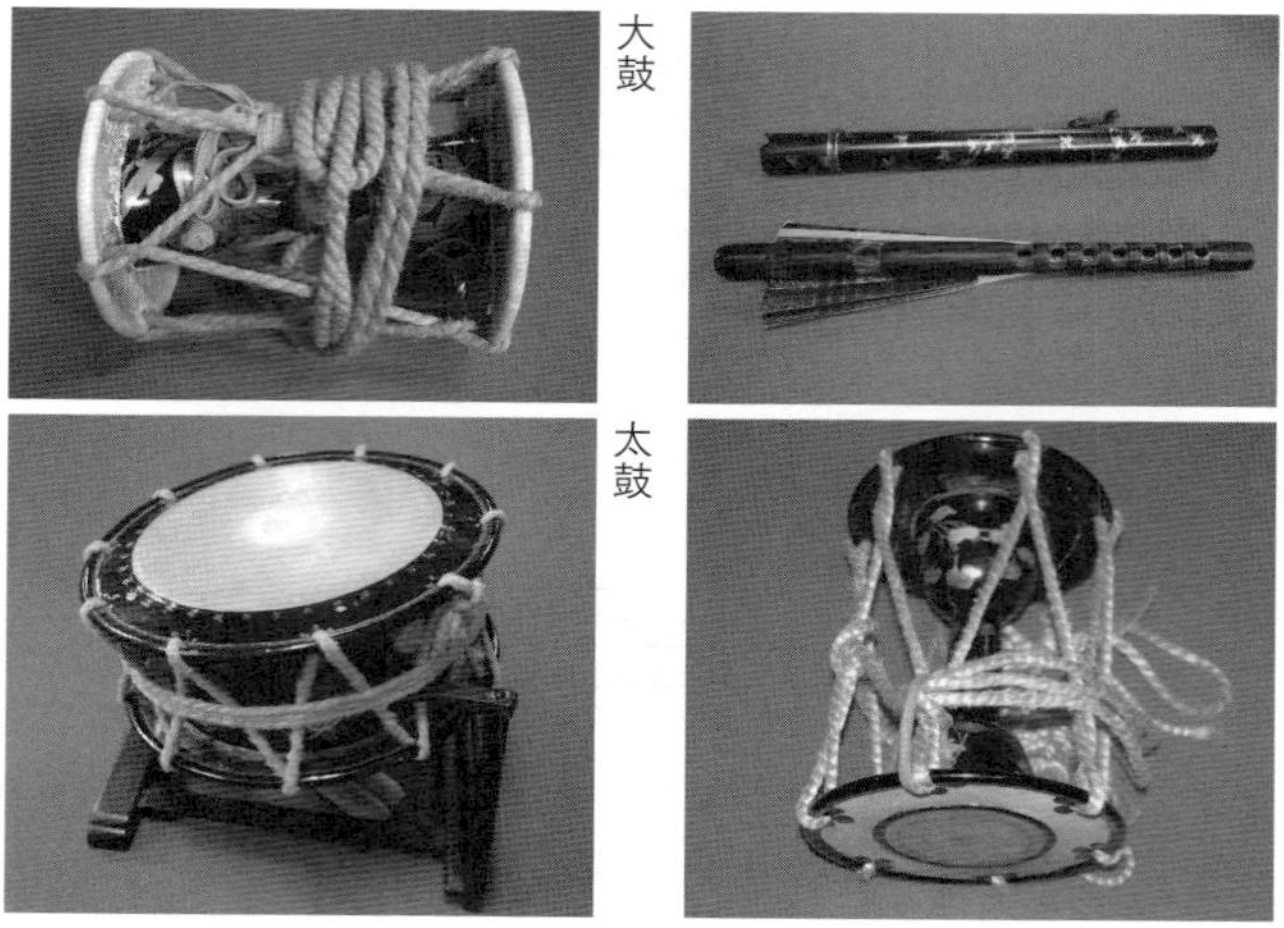

能楽の四つの楽器（写真提供：能楽協会）

朝鮮半島から来た杖鼓、そして、日本における「雅楽」で使われている鼓は、もとは高麗楽《こま》という朝鮮の雅楽で使われていた「三ノ鼓」です。これらも胴がくびれていて、「大鼓」と同じデザインです。従って、大鼓は、三世紀に日本に伝わったといわれる高麗楽の楽器のデザインコンセプトを取り入れて作られていったのではと考えられます。

また、六、七世紀に聖徳太子が秦族と共に百済《くだら》文化を伝えますが、「唐楽」もまたこの時に半島を経由して伝えられたのではと思います。その主要楽器が「鞨鼓《かっこ》」であり、「締太鼓《しめだいこ》（能楽の太鼓も含む）」の原型となるものです。

能楽の三つの打楽器（小鼓・大鼓・太鼓）は、前記の三つのルートそれぞれから伝わった打楽器なのではないかと思うのです。つまり、小鼓は南洋系の東南アジアから、大鼓は朝鮮半島の杖鼓もしくは三ノ鼓から、太鼓は唐楽の鞨鼓もしくは大太鼓から。この三つの別々のデザインコンセプトを用いて、オリジナルの三つの打楽器が成立したのではないでしょうか。

能楽の同じ舞台の上で演奏されているので、一見同じルーツを持っているように思いがちですが、六、七世紀には、大仏開眼《かいげん》法要などアジア各地から様々な人と文化が大和の地に辿《たど》り着いていたことを思うと、異なる民族の文化的背景を担っていたものが日本の材質で作り直され、オリジナル化したと考えてもよいと思われるのです。

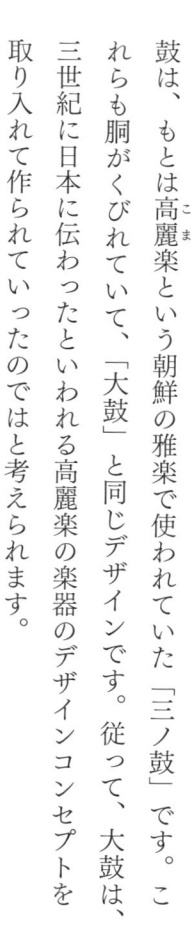

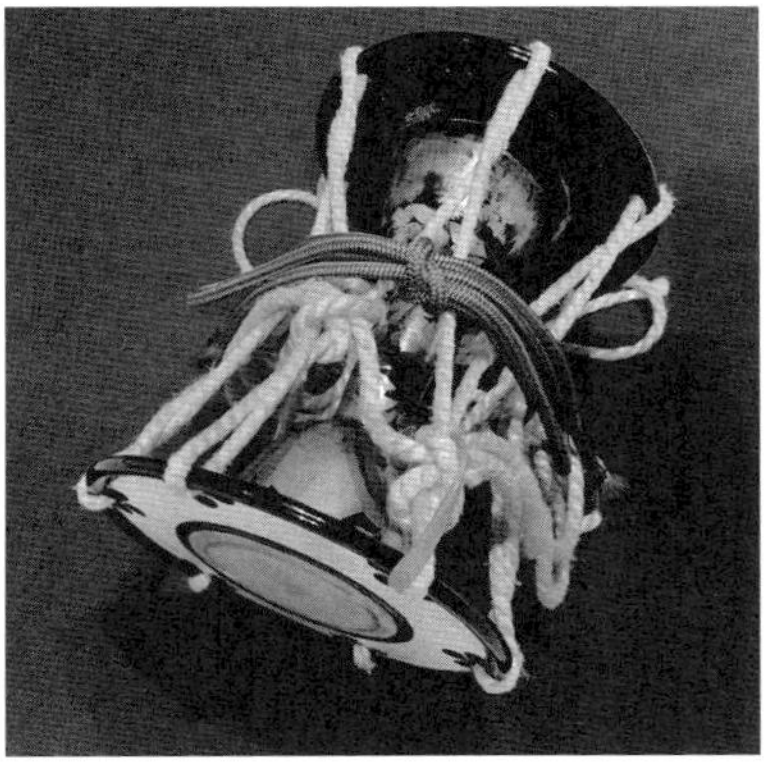

大倉流に組みあげた小鼓

鼓には陰陽がある

能楽の三つの打楽器の中でも、小鼓と大鼓は、名前も形も似てます。ところが、前項でも述べましたように、デザインコンセプトは全く異なっています。この二つの鼓は、陰陽両極に作ってあると考えれば、わかりやすいかと思います。

胴は双方共、桜の木から作られ、革は馬皮で作られています。

ところが、大鼓は、大人になった馬で作られ、仕立て上がれば消耗品として、十回ほど使ったら用をなさなくなります。打ち出したら一年ほどで使えなくなるのです。馬として生きている年数は長いのですが、楽器になったら早く寿命が来てしまいます。

一方、小鼓は、子馬（当歳馬もしくは一、二歳までの馬）の皮を使い、楽器になってからは二百年、三百年も寿命があります。

このように、大小の鼓は両極のものと考えられます。先にもお話しましたが、小鼓は湿度に対して変化をつけられるように作られているのに対し、大鼓はガチガチに締め上げて陽の極地の音を作り上げます。ここには、陰陽のバランスを際立たせていくという、何か哲学的な背景があったのではないかと考えられます。

また、撥で打って鳴らす太鼓は、右撥と左撥で分けていて、金春太鼓では左手は上に向けて、右手は下げています。つまり、陰陽のバチになっているのです。

能の不思議な音の秘密

これまでも述べてきましたように、能には三つの打楽器があります。小鼓、大鼓、太鼓です。それぞれのデザインのルーツ、それぞれ背景にある文化が違うという話をしました。

これらをまとめると、東南アジア系の小鼓、朝鮮半島でもいわゆる高麗の大鼓、そして百済から伝えられた唐の太鼓、そういう三つのデザインのルーツがあって、日本のオリジナルの楽器として作り直された時代がちょうど十三、四世紀。日本は南北朝の動乱で、世の中がざわざわとしていた時だと思います。

正倉院の宝物などを見ていただくとわかりますが、今もしっかり残っている楽器もある一方で、日本の風土に合わなくて木が腐ってきているものもあります。

正倉院という立派な蔵の中ですらそのような状況ですから、普段から使っていると、日本は湿度が高くかびが生えたりして傷むのが早いのです。

推古天皇の時代、六一二年（推古二十年）には飛鳥の桜井で「伎楽《ぎがく》」が味摩之《みまし》たちによって伝来し、七三〇年（天平二年）頃には胡《こ》の国や林邑《りんゆう》（ベトナム）から様々な芸能者が奈良に集まり、七五二年（天平勝宝四年）には東大寺の大仏開眼供養、つまり一大アジア芸術祭が開催されています。

ここで注目すべきは、日本に来た人たちが数世代にわたってすでに芸能を伝えるためのシステムを構築していたということです。これは、允恭《いんぎょう》天皇の時代に雅楽が八十人もの編成で奏されたり、七〇一年（大宝元年）に大宝律令の中で雅楽寮が制定されていたことからも推測出来ます。この頃からすでに日本では、様々な神仏に仕える芸能者が集合体ごとにしっかりと守られていたのではないかと思われます。

鼓胴　春秋蒔絵（写真：大道雪代）
春の象徴、自然の桜と、織物に描かれた秋草。
自然と人工という二元対比。

笛を例にとってお話しましょう。

雅楽などで使われている「龍笛《りゅうてき》」とか「横笛《おうてき》」といった楽器が、姿形は能楽で使われる「能管《のうかん》」にそっくりで、能管の元になったといわれています。笛の特性として、毎日吹かないといい音が出ない、ということがあります。でも、吹くと傷みますよね。四、五百年すると、指穴や吹き口がすっかり減ってしまったり、折れたりするわけです。そうした損傷部分を継ぐために、竹の薄い細い棒を突っ張り棒として入れると、ちょうど今の能管みたいになってしまう。音律はもちろん狂うのですが、それが逆に、もともと日本に古代から伝わっていた笛の音に近くなったりするのです。偶然なのか、意図してそうなったのかはわかりませんが、十人十色といわれる、人に擬《なぞら》えられるような個性的な能管が、日本で生まれるわけです。そんな時期も、ちょうど鼓が形成される時期と重なってくるのです。

さて、その能管の作りは、雅楽の龍笛や横笛に非常に近いですから、演奏についても、雅楽の楽理をそのまま持ってきていてもよさそうなものですが、ところが、音が、調律されていないのです。話をリコーダーに置き換えて考えてみますと、リコーダーの管の中に、わざわざ内径を細くするものを入れた上で、ドレミファソラシドと同じ指や楽譜を使ってはいますが、出てくる音が違う、というような状態になり、これは、音楽の歴史でいうと、非常に不思議なことだと思います。出ている音よりも演奏している指使いや吹き込みの強さや音そのものの絶対的なよさのほうが大事、というような考え方になってしまった——そうした非常に不思議な音楽が、十三、四世紀に誕生しているわけです。そして、そのような大和の狭い地域で作られた楽器が、全国にだんだん広がることになるのです。

この不思議な笛の音が、打楽器である大小の鼓、太鼓と組み合わされることによって、能の不思議な音楽が生まれるのです。

鼓の日本化

仏教伝来から

このような不思議な楽器の誕生について、日本への伝来以降のお話を詳しくさせていただきましょう。

日本に仏教が伝わって、東大寺の大仏開眼法要で、さながらアジア芸術祭を思わせるようなフェスティバルが開催されたことは、すでに触れました。様々な音楽、舞踊、演劇が大和に結集していたということを想像してみてください。正倉院に残されているのは、その中の特に優れた一品ずつですから、それ以外のものは、寺社仏閣や街中で演奏され、生活に溶け込んでいったのではないかと思います。

六、七世紀頃から民間の芸能の中で楽器が伝承されていくわけですが、その中で、四、五百年経つと、そのオリジナルの楽器たちが傷み、日本の材料で作り直される時期がきます。それがちょうど、十二、三世紀頃かと思います。つぶれるというのは、物理的に使えなくなるということです。革が破れ、木が腐るということです。大陸の木は湿度の高い日本に持ってくると、すぐにカビが付着して腐るのが早くなります。そこで、それを日本のもので作り直すという必要に迫られるわけです。檜がいいのか、欅《けやき》がいいのかなどと試してみたかもしれませんね。その中で、誰かが桜の木が適していることに気がついたのでしょう。そうして桜の木が群生している今の奈良県桜井市で、鼓胴が作られ始め、それが定着していったのではないかと考えられます。皮は家畜として飼われていた牛や馬、山羊《やぎ》が使われました。家畜もおり、桜も豊富な奈良の桜井市下居村には、鼓の産地としての条件が揃っていたのだと思われます。

ところで、当時の鼓の作者の名前は、阿波、龍門、難波など、各地の地名であることが多いのです。これらの名から、大阪や四国で鼓が作られていたのだろうと思っていたのですが、近年、そうではないことが判明しました。実は、下居村を中心にして半径二十キロの中にそれらの地名がほとんど残っていることがわかったのです。二〇〇四年に「生田コレクション展」※を開催したことにより、鼓の研究が飛躍的に進んだわけですが、この発見には、コレクションの所有者（現在は国立歴史民俗博物館蔵）で、鼓の研究をされている生田秀昭氏と驚いたものでした。

能楽の大鼓、小鼓のルーツとしては、十三、四世紀頃に日本の材質でオリジナルの鼓を作り出した時に、おそらく右から左へそのまま作った鼓もあったのだと思います。その一方で、色々な改良が加わって、能楽の打楽器の原型が作られたのではないかと考えています。

観阿弥・世阿弥の頃の能楽師が、様々に試行錯誤する中で、日本のオリジナルの楽器編成を作ろうと言ったのかもしれません。その時に、民俗的、文化的な背景をデザインに込めて、今の四つの楽器（小鼓、大鼓、太鼓、笛）が作られたのでは

雛人形の五人囃子

ないかと想像しています。

ちなみに、この四つの楽器がどのような順序で並んで演奏するのか、ご存知でしょうか。これに謡を加えて能楽の音楽が成立するのですが、その並びは、右から謡、笛、小鼓、大鼓、太鼓となります。そう、雛人形の「五人囃子」ですね。最近は五人囃子の位置が異なっている雛人形を見かけることもありますが、正しく直してあげてください。能楽を観ている人は間違えないはずです。

話を元に戻します。平安時代までは、大陸の朝廷文化に学んだ藤原王朝があり、王朝の音楽としての雅楽がありました。その当時の雅楽は、殿上人の音楽としてあったわけです。それに対し、民間のものとして、鎌倉武士たちが下剋上、すなわち、様々な先住民の文化を一つのオリジナルの文化として立ち上げようとした時に、民族のそれぞれのルーツのようなものをデザインとして取り入れていく、そのような流れがあったのではないでしょうか。

※「華麗なる小鼓筒の世界――生田コレクション展」は、大阪麦酒会社（現・アサヒビール）の創業に際し、醸造技術の責任者として尽力した生田秀とその息・生田耕一が蒐集した小鼓筒八十八本を根幹とするコレクション展で、二〇〇四年九月三十日から十月十七日まで、京都・池坊短期大学むろまち美術館において開催。

笛や太鼓が必要とされた理由～稲作と鼓

稲作と一口にいいましても様々な形態があります。土地の狭い日本では、山の頂から清水が湧き、南面になだらかに広がる山を神山として開拓し、棚田を作りました。南面の田畑は日当たりがよく、湧き水を取り込むことで、土砂崩れなどの心配はあるものの、一度作れば水を確保することが容易です。一方、平野部では水害の恐れがありますので、河川の護岸工事をしっかりしなければなりませんし、平野部に満遍なく水を供給するのには、余程の管理技術が必要になります。そのため、平野部に本格的に水田が広がるのは鎌倉時代以降ではないでしょうか。全国に奈良の稲作技術が伝わったことを示す一つの指標として、各地の稲荷神社や春日神社、八幡神社などの創建を調べるという方法があるかと思います。

種籠を持ってバラバラと種を蒔くのに労力はさほど要りません。苗床《なえどこ》を作り、水を田に張り、梅雨空の蒸し暑い時期に田植えを行うのは大変な労力を要します。では、なぜ、それに切り替えたのでしょうか。それは、焼畑農業で起こる連作障害によるものです。仮に、三百人の村で毎年三百石のお米を陸稲で作ったとすると、三年で連作障害が起こり、五年間は土地を休ませなくてはなりません。そのためには、三百石の土地を三面持たなければ、村人は食べていけないのです。水田稲作にしても、発芽率が悪ければ意味がありませんので、苗床を作って全てを発芽させてから、しかるべき時に田植えをすることで、収穫率は格段に上がり、連作障害も起こらなくなるでしょう。そうすると、それまで三百人しか養えなかった村に九百人まで住まわせることが出来るのです。しかし、人は一日で一反（三百坪）の土地を田植えするといわれますが、それを梅雨空の下で三十日間続けられるでしょうか。

そこで、村々から早乙女《さおとめ》や若い衆が集まり、囃子に乗って歌を歌い踊るように田植えをすることで、辛い田植え仕事が楽しいダンスパーティーのようになり、農作業は心躍《おど》るイベントと化したのです。

本格的に大和から導入された当時の最新式の水田稲作は、集団労働をベースに広がったのだと思います。六六八年（天智七年）に、神も仏も仮に現れたものだとする「権現思想」が生まれ、六七二年（天武元年）には壬申《じんしん》の乱によって民族融合、神仏習合の道筋がつき、小競《こぜ》り合いはあったものの、七一〇年（和銅三年）に至る四十年近い間、大きな騒乱がなかったために、大和の人口は増えました。延べにして三十万人が必要とされた人の住む平城宮、仏の住む興福寺、神の宿る春日大社の大造営が実現したのだと思います。

いずれにしましても、なぜ稲作に笛や太鼓が必要だったかということが、おわかりいただけたと思います。桜井は大和における水田稲作の始まりの地ともいわれ、先にも述べましたように、東に下居村という鼓の故郷、西には葛城山の麓に

月次風俗図屏風　田植えの傍らでの囃子部分　東京国立博物館蔵
Image: TNM Image Archives

笛吹《ふえふき》神社（葛木坐火雷《かつらきにいますほのいかづち》神社）があるというのも頷《うなず》けます。

さて、古い絵図（上記および105頁参照）を見ると、農作業の横で打つ太鼓には金蒔絵《きんまきえ》が施されています。金は貴重品で、仏像にしか施さない大変高価なものでしたが、太鼓に蒔絵として施されていた理由は「鼓舞《こぶ》」という言葉が表すとおり、大切な田植えに鼓が人を動かす力を持っていたからに他なりません。人があらゆる重労働を行っていた時代に、人の力を最大限に引き出す力を持つ音楽がいかに重要であったかということ、さらに、重機などがない時代に、平城宮を建築する力を持つ人の命がいかに大切にされていたかということに、今の私たちは想いを馳せる必要があると思います。

ちなみに、「畑」という字は、和製漢字だそうですね。この字は、焼畑農業からきているといわれています。収穫をした種を春に蒔くと再び実がなることに気づいた人は、一体誰だったのでしょうか。農業の原点に思いを馳せると、大切なことに気づかされます。

オリジナルなものへのこだわり〜十二、三世紀

春日神社もしくは八幡社の分社が、田畑と共に全国に広がっていくのは、十二、三世紀以降のことになります。平安文化が全国に広がっていった時代です。稲作の広がりと共に、次々と神社を建てていくわけです。鎮守の森や護国寺が全国に広がった時代です。その時の御神体が、いわゆる翁面であることが多いということは、第一章でも述べたとおりです。

つまり、稲作の広がりと、翁芸能と、神社の伝播が時代的に重なっていて、笛や鼓がそれに乗っかって、全国に広がっていったということだと思います。

そして、その後、徳川時代になり、式楽として制定されることになるのですが、翁芸能と能楽が全国に広がる下地は、中世の時代に、すでに出来上がっていたのではないかということです。

そして、自分たちのオリジナルのものを作っていこうという姿勢がめばえ、翁芸能が発生する頃、推測ではありますが、七、八世紀に伝えられたシルクロードの楽器たちが傷み、日本の材質によってハードが作り直される時期と、日本オリジナルの芸能形成といったソフト創生の時代が重なります。そして、さらに日本で生まれた哲学、つまり、禅などの日本化などともリンクしているのではないかと思っています。

月次風俗図屏風　春日大社鳥居下の翁部分　東京国立博物館蔵　Image: TNM Image Archives

奈良豆比古神社と黒川能の鼓の作法〜十四世紀

奈良の奈良豆比古《ならつひこ》神社と山形の黒川能に残る小鼓の扱いの古い作法についてお話したいと思います。

第一章で詳しくお話しましたように、一三〇〇年代に広がった翁芸能ですが、それより古く、奈良には奈良豆比古神社というところに翁舞が残されています。三人翁といって、三人の翁が出てきて寿ぎ、舞を舞います。翁の詞章は今の能楽における翁の原型、つまり古い形が残されているように思います。

私は囃子方ですので、どうしても囃子の作法が気になります。奈良豆比古神社の囃子方の方々は、舞台に上がってくる時に、お道具を皆さん高々と持ち上げて出てこられるのです。第一章でも述べました通り、巫女さんが三宝を高く掲げて息がかからないようにして持って出るような、そのような高さなのですね。ということは、神様にお供えするもの、もしくは神様のご神格と同一のものという位がお道具にあるということを意味しているのではないかと思うのです。山形県の黒川能の役者さんも同じように高々と鼓を掲げて出ていらっしゃいます。遠く離れた奈良と山形の作法が、古い形で共通していることには、本当に驚きました。

お能の舞台を見ていただいたらわかると思いますが、流儀によって登場する時の鼓の持ち方が違います。腰に当てて出ていらっしゃる流儀もあれば、大倉流は前へ、お臍《へそ》より上にあげて持って出るのです。武張《ぶば》っているように見えるせいか、何だか変だねと言われたこともあるのですが、本来はそういう思いで残した作法なのだと思います。これを綺麗に持って出るのはなかなか難しいものです。この持ち方は、歳がいくと大変なんです。橋掛《はしがか》りが長いとさらに大変です。途中で腕が震えてくるなんてこともあるでしょう。いずれにしても、原点は神仏への奉仕ということだったのだろうな、と思っています。

黒川能の囃子方

奈良豆比古神社の小鼓方

能楽大倉流の小鼓方

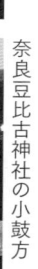

神楽所用八脚小机の上に置かれた小鼓（小手鼓）。その左側は橙架
皇學館大学佐川記念神道博物館蔵

日本の鼓が今の形状になるまで〜十五、六世紀

では、日本の鼓が現在の形になった経緯について、考えてみましょう。十六世紀に制作されたといわれる『酒飯論《しゅはんろん》絵巻』（78頁参照）の中に、今の鼓のデザインと全く同じ鼓が見られます。ところが、同時に、縁を黒く塗った鼓も登場するのです。そしてさらに、麻紐を通す穴が鞨鼓《かっこ》と同じ、十二穴のものもあって、つまりは三種類の鼓の絵が残されているのです。鼓の統一的な基準が出来るまでは、色々な鼓があったのだということがわかります。

同じ小鼓でも、本当に色々なものがあったのだと思います。現存するものでも、拳二つ分くらいの小さい鼓が三重にある皇學館大学の佐川記念神道博物館に残っています。伊勢神宮の神楽職を務める榊原家に伝わった鼓だそうで、御神楽で使用したと推測されますが、どのようにして演奏されたのかということまではわかっていません。

生田コレクションの生田氏によれば、一四七〇年から八〇年頃に、大和で鼓をこのサイズに、この形に、というように決める動きがあったのではないかということです。ちょうど京都は応仁の乱で荒れています。奈良の人たちが、今度こそ天皇は大和に帰って来てくださると期待をした時期でもあります。たくさんの史料を調査された中から導かれた推測で

丹波の篠山能楽資料館所蔵の室町期の鼓胴

雷雲蒔絵鼓胴　一四三〇年（永享二年）、竹生島に奉納された、形状が定まる以前の姿をした鼓胴　MIHO MUSEUM蔵

す。

丹波の篠山《ささやま》能楽資料館には、現在のサイズよりもさらに一回り大きくて、小鼓と全く同じ形のものが残されています。大鼓ではなくて、小鼓の胴なのです。同じ小鼓の胴でも、大きいものから小さいものまであるというわけです。それが、片手で持って打ちながら囃すのにちょうどよい大きさが模索されて、今の小鼓へと定まっていくのです。

一方、大鼓の胴も、原型となった雅楽の三ノ鼓は非常にサイズが大きいのですが、大倉流の二代・大倉道知は、胴を切ってサイズを小さくしたものを使用していたという言い伝えがあります。他にも様々なサイズの胴が各地にあったようです。このように、自分の手に合うサイズを探っていた時代が、室町時代なんだと考えられます。それがだんだんと、工房によって大きさが違ったら困るのというので、統一基準を作ろうという流れになったのでしょう。一五〇〇年くらいまでには、サイズが決まり、どこの工房で作っても全部統一して出来るようになったのだと思われます。観世美濃権守《ごんのかみ》に能楽の鼓を習えという強権力が発動される時代が、どうもその辺りにあるのではないかと思うわけです（81頁参照）。それは、興福寺などのスポンサーの関係なのか、足利将軍などの権力者が発令したのかまではわかっていません。

石垣市登野城の大胴・小胴・太鼓のもの

薩摩の琉球侵攻と鼓の南限〜十七世紀

こうして、大和の楽器が全国に広がっていったわけなのですが、その南限はどこかというと、琉球八重山のほうになるかと思います。

薩摩が琉球を侵攻したのが一六〇九年（慶長十四年）、この時、薩摩が琉球の八重山までを支配下に治めてしまいます。その八重山の石垣島に、登野城《とのしろ》という村があります。古くは殿城と書いたようですが、今は登野城と書きます。殿様がいた城、という意味ですね。そこへ、五軒の士分の家が定められ、それぞれ謡、笛、小鼓、大鼓、太鼓を伝えたようです。この五軒の家が、薩摩から殿様がお見えになったら能楽で饗応《きょうおう》する専門職とされ奇跡的に今にまで伝わっているのです。

残念なことに、一七七一年（明和八年）の沖縄、琉球の大震災時による津波によって、この登野城やその辺り全部が水没しました。また、四百年の間に謡と笛の家が絶えてしまいました。その間に作り替えられた楽器が現存しています。それが、江戸以前の古い大和の形を残しているのです。

絵巻物の『酒飯論絵巻』に描かれた鼓のように、登野城の鼓の縁は、黒く塗られています。現在もこれが使われているのを見て、本当に驚きました。

つまり、室町時代の小鼓の古い形が現在でも見られるということなのです。もちろん、中には独自に手を入れられたものもあり、音色は変貌しているように思

酒飯論絵巻　第二段　部分　国(文化庁保管)

酒飯論絵巻　部分　静嘉堂文庫美術館蔵
静嘉堂文庫美術館イメージアーカイブ／DNPartcom

（右）現行の能楽の大鼓　（左）石垣島の大鼓

石垣島の大鼓用の葛桶

われるのですが、それでも黒く塗られている形状はそのまま受け継がれているのです。なぜ黒く塗られているのかというと、糸が切れないように補強するためなのです。それが、糸のところだけに漆を塗るようにとデザインが変わっていき、今の小鼓の形になるのです。それが江戸時代以降、あるいは、室町時代半ばくらいというふうに考えていただいてよいと思います。

それともう一つ。慶長期（一五九六〜一六一五）の番組には今の「大鼓、小鼓」を「おおどう、小どう」と表記するものもあります。登野城の鼓は今でも「うーどう」「くーどう」と呼ばれており、江戸初期の呼び名が沖縄に残っていることにも驚かされました。

石垣島の大胴（左）と小胴（右）

職人尽歌合（七十一番職人歌合）　白拍子と曲舞　部分　東京国立博物館蔵
Image: TNM Image Archives

山形・黒川能にみる能の源流

一方、江戸時代で確認出来る楽器の北限は、津軽かと思います。八戸などにもお能の断片が残っていると伺っています。能楽として現存しているのは、山形の黒川能です。これは有名ですね。現在の能楽が伝える現行曲の二百四十番よりも多く、演目としては五百五十番残っていると伝えられています。黒川能の源流は金春流に近いという説もありますが、実は観世流に近いのではないかともいわれています。

二〇〇六年に生田コレクションの展覧会を、山形県庄内の致道博物館で開催させていただくお手伝いをした時、生田氏と一緒に黒川の春日神社の上座・下座の小鼓の胴を全部見せていただいたことがあります。その時に鼓の胴の中に「よごろう」と書いたものがあったのでよくよく調べてみると、これは観世与五郎吉久という方だとわかりました。しかし、この方は色々な名前がある方なのです。美濃（巳野）で活躍していた時は美濃与五郎、今の奈良県大淀町にあった檜垣本《ひがいもと》座では檜垣本与五郎。そして最終的に、権守という役職につき最後に名乗ったのが美濃権守。この役職名が広く認知され使われたために、本名があまり通っていないのです。先にもふれましたように、どうもその時に、この人に習わないと能楽の小鼓は打てないよというようなお達しが強権力で発せられたようなのです。それ

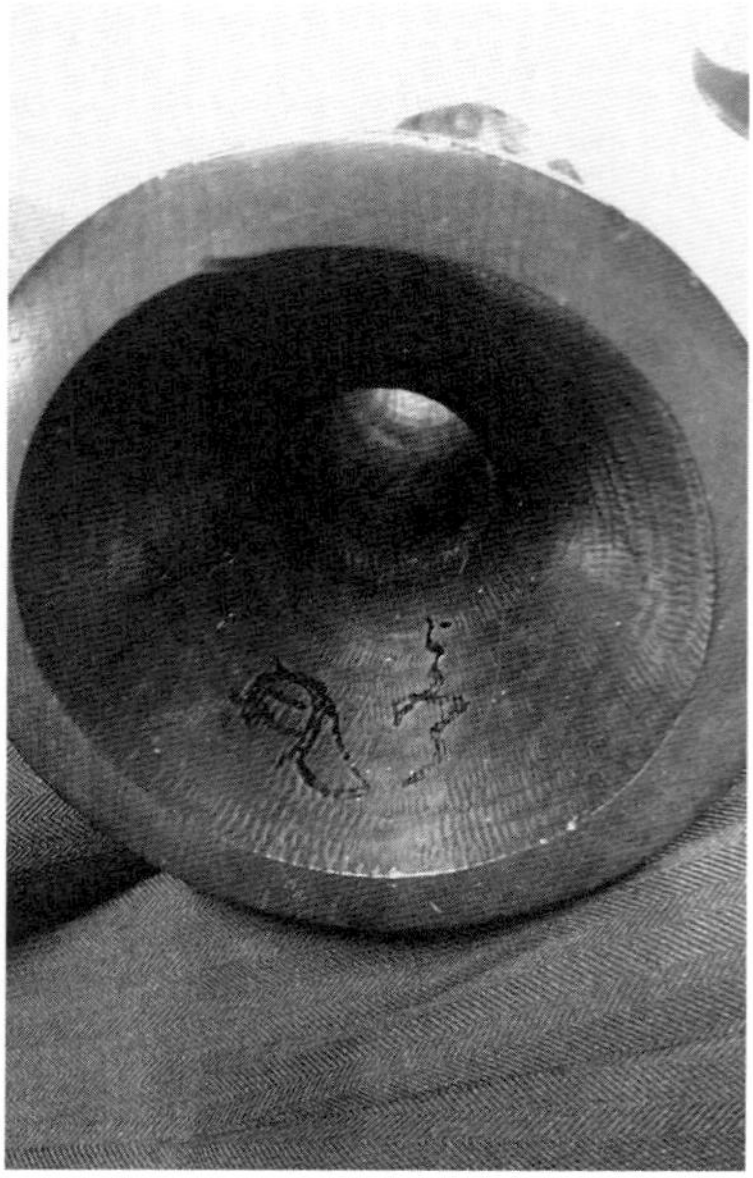
鼓胴　よごろう極　黒川能下座蔵

が大体一四五〇年から一五〇〇年前後の出来事ではないかということを述べました（76頁参照）。

こうして、観世与五郎吉久こと美濃権守に、宮増《みやます》弥左衛門、幸《こう》流の初代、そして大倉流の小鼓を最初に専業した大倉小仁助たちは能の鼓の教えを受けました（最初、小仁助は宮増弥左衛門の弟子だったのですが、改めて美濃権守に習い直すというようなことがありました）。

このように能楽囃子の祖形は大和で起こり、大和の与五郎の鼓の胴が山形に伝わっていたというわけです。

実際に拝見しましたが、その「よごろう」というのがミミズが這ったような崩し字で、なかなか読めなかったのです。しかし、その胴は室町時代の古いもので、名書きが残っていて、大変貴重なものだったのです。

黒川能にみる伝承の知恵

黒川能では、非常に古い形（原型）の能の囃子を今でも続けておられます。私も何度も拝見していますが、囃子の手組みのヴァリエーションが少ないながら、基礎的なものはちゃんと残っていると思います。上座と下座のグループしかありませんので、技術的には共有されていたことが要因でしょう。座が減ったり、一つでも多くあると、違うものに変化し過ぎたかもしれません。上下の両方が対で残ったというところに、意味があったのだと思います。

なお、上座・下座というのは黒川だけではなく、各地のお祭でも見られます。競わせるということは、雅楽なども共通しています。雅楽が日本で残ったのは、春日大社の「春日若宮おん祭」で右舞《うまい》（高句麗、ベトナムを起源とする緑の装束を着けて舞う、三ノ鼓を主音楽器とする高麗楽）と左舞《さまい》（唐を起源とし、赤い装束を着けて鞨鼓を主音楽器とする唐楽）が喧嘩《けんか》しないように、「競馬《けいば》」神事で競わせて、勝ったほうが「今年は春日大明神が先に見たいと思ってるんですよ」ということで、順番を決めたからなのです。そうすることによって、くだらない争いをやめにしたということなのです。競わせて発奮させる、若い人のエネルギーのガス抜きをする、そういう知恵が、全国に祭として残っているのです。

鼓の面白さ

「掛け声」の意味

ここでは、鼓という楽器の音楽的な特徴について、お話していきたいと思います。まずは、質問のよくある「掛け声」についてお話したいと思います。

能の舞台を観ていますと、楽器を演奏するだけでなく、演奏家が自分の「声」をあげることに対して、不思議に思う方も多いようです。果たして、声は楽器と共に音楽を成立させる要素になっているのでしょうか。それとも、単に「よいしょ」というような、動作をするための掛け声なのでしょうか。

まず、掛け声がなぜ発生したのかについて考えてみましょう。

鼓の掛け声は、「ヤ」「イヤー」「ヨ」「ヨーイ」という陽のグループと、「ハ」「ホ」という陰のグループに分かれています。能の音楽は八拍子なのですが、その八拍子の中の、どこに声を掛けるかによって、他の役者全員に合図を送れるような約束がなされています。

掛け声のルーツはというと、やはりアフリカのトーキングドラムや「音調言語」に行き着くと思います。インドネシアのほうではケチャックが有名かと思います。北米ではアカペラの世界ですね。要は、楽器がない時に言葉で歌うようにして太鼓の音を発します。例として、ケチャックを取り上げてみましょう。ケチャックは基本四拍子になっています。十二人いたら四人ずつ、三つのグループに分かれ

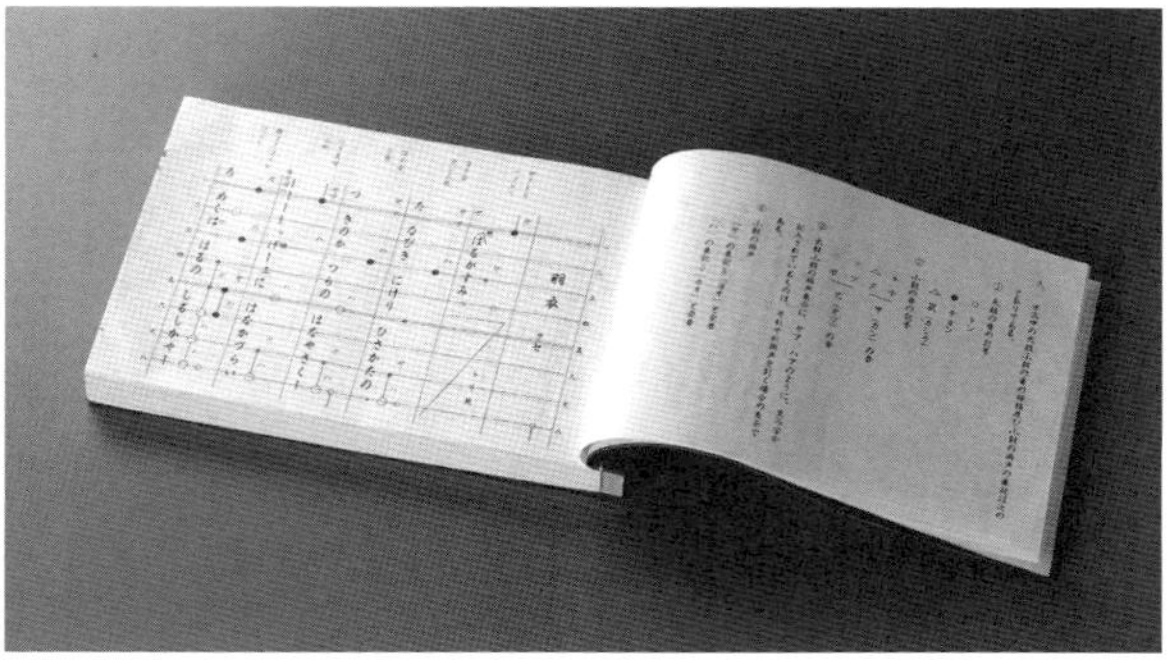

『大倉流大鼓小鼓手付』第一集（初心者向け手付本）

ています。そのリーダーが「シッ」と知らせる声を出すと、パターンを替えて逆回りにするなどの合図を送ることが出来るのです。

　これを囃子の演奏に取り込みますと、私たちでも鼓でケチャックを打てるわけです。これは、拍数を知らせたりサインを送ったりすることが出来る、能楽の演奏技術の特性の一つかと思います。もし私たちが囃子の演奏をする時に、お道具を使わずに、掛け声と、口三味線ならぬ口鼓で演奏をすれば、ケチャックそっくりになるのです。このような演奏を聴いていますと、演奏技術としては断然、東南アジア系のものが強く残ったのではないかと思ってしまいます。

　人間のリズムの基本は鼓動と呼吸です。呼吸の音楽は謡や掛け声です。鼓動は「ドッキンドッキン」と、太鼓のリズム感に近いものがあります。八拍子の間《ま》を埋める太鼓の刻みが入り、十六拍子の等間隔のリズム感が出来てくるので、各楽器が合わせやすいのです。

　それに対して二拍子の呼吸のリズム、ここでは謡や笛という声のことです。もしくは打楽器の掛け声。これらの伸び縮みする音楽は、伸縮が面白い。これらが八拍子のリズム体系の中で、四拍子にも二拍子にも、もっというならば二・三・三拍子などと、複雑に絡み合うことが出来るところに、能の音楽の不思議さと面白さの秘密があるように思います。

　また、掛け声はサインとシグナルを送る役目をしています。シグナルは、何拍目ですよという合図（「ヨッ」と「ホッ」）です。サインは、「ヨッ」というと「次行くよ」、「ホッ」というと「抑える」という意味になります。指揮者がいないので、掛け声でサインとシグナルを能楽師全員に送っている、そういう役目が掛け声にはあります。

専門用語では、トーキンドラムなど太鼓の演奏がそのまま言葉としてモールス信号のように伝えられる音楽のことを「音調言語」あるいは「声調言語」といわれています。トーキングドラムは太鼓でしゃべっているのですが、能も「三ツ地（リズムにしばられず、詞の伸び縮みに対応させる打ち方）」を打ったら地謡の人は「三ツ地謡」という特殊な謡い方に変えたりします。鼓が「ツヅケ（連続して拍子を刻む打ち方）」を打ち出したら「ツヅケ謡」を謡ってくれないと「ツヅケ」が打てない、という大きな約束事があります。こういうことを絶えず「トーキング」しながら鼓を打っているわけです。

実は、能では曲ごとに打つパターンは決まっていますが、決してそのとおりに打つとは限りません。ここが能の音楽の面白くて不思議なところです。実力者同士が集まっている時などは、何が来るかわからないわけです。そういう時に、面白さを発揮するのがトーキングドラムの要素を持つ囃子の演奏法と、それをわかっている謡い手の人たちとの絶妙なバランスです。そういうものが、能の世界を作り出しているのです。

いずれにしても、世界中の音楽の中で、こんなに人間の掛ける「声」が重要な意味を持っている音楽はないでしょう。

合わせないのも能の音楽性

能は「間《ま》の芸術」ともいわれています。では、能の「間」とは、どんなことをいうのでしょうか。

フォークダンスを例にあげるとわかりやすいと思うのですが、歌でも楽器でも、大勢で合奏するほうが楽しいので、群舞や集団労働で奏される音楽はすべからく等間隔の合わせやすい音楽になっています。しかし、岐阜県郡上《ぐじょう》八幡の盆踊りなど、限られた地域で特殊に発展したと思える踊りは現地の人でないと直ぐには歌えず、踊れない踊りです。それが徹夜踊りで上手く踊れるようになると、正しく村人の輪の中に入れてもらえた気持ちになります。能も能楽師の中で特殊化し、間の音楽を作り上げた部分がことさら強調されて特殊だといわれているのだと思っています。

「間」とは、息を詰めたり深めたり、結果として音の出ていない時空間のことをいいます。お能でも、リズムや音に乗っていく奏法も曲もあり、そのような合わせやすい音楽がある一方で、あえて外したりもします。リズムに拘束されることと、外すことによって生まれる効果とのせめぎ合いの面白さを追求したのが、能の音楽ではないかと思います。

人の様々な習性や指向性が、音楽の多様性を生むのだということがわかり、広

「バッハの小鼓体験」

い意味で洋の東西、音楽は共通しているということがわかります。

「せぬひま」が面白いと世阿弥は説きました。子どもの頃にこの言葉を読んで悩んだものです。たとえば、ギタリストの友人は「音のない世界が怖い」と言います。「よい音で埋め尽くす事が使命」と言っていました。しかし、能はそうではないのです。いわば私たちは、「間を生み出すために音を出す」ということになるでしょうか。音を聴いてもらうのではなく、「間」を聴いてもらうために音を出すのだということになります。それは、聴く人の心の中に、次に聴くであろう一番よい音（間）を響かせるための役割なのだと思っています。

鼓を「育てる」

札幌にお稽古に上がらせていただいた時期があります。一年を通して感じたのは、やはり札幌は乾燥していることです。比較的鼓はちゃんと鳴りましたが、乾燥がきついですから、冬用の鼓しか鳴りにくいのです。もちろん、海外では乾燥している国が多いですので、日本で使っているような鼓を持っていくのは非常に危険です。そのような時に、冬用の鼓を持っていくか、あるいは、非常用に人工皮革や、プラスチック製のものを持っていくのか、悩むところではあります。

いずれにせよ、鼓には夏用と冬用があるということです。もちろん、南へ下がっていきますと、夏用の鼓を使うことが多くなります。鹿児島辺りで鼓を打ちますと、春と秋が一月《ひと》ずつズレて夏が合計二カ月長いという感覚があります。夏が長いということは、夏の間に打ち込む新革は長い間打ち込めますから、早く育つわけです。そう、新しい革は打ち込まなければいけないのですが、いつでも打ち込んでよいというものではなくて、ちょっと湿度が高くて緩んでいる時に打ち込み、またその張りを戻してはまた打ち込んで、また戻してというようなことを繰り返すことによって、革を「育てる」ことが出来るのです。

六月頃になると、新革や、眠らせている硬い革を起こして、「さあ、皆さん出番ですよー」と、次から次へと打つわけです。たとえば、五十年くらい打っていな

右より、出来立ての新革、百五十年、二百年超えの老革（写真：大道雪代）

かった鼓の革があるとします。そうすると、この時期くらいから「少し起きてくださいよ」という感じで、徐々に徐々に打ち込んであげると、革が目覚め始めるわけです。要するに、乾燥している時のそういう革を「生が抜け切る」というのですが、手入れをされずほったらかされて生命力が抜け切ってしまった革を、冬にいきなり、バンバンバンバンと打つと、一瞬はよい音がするのですが、乾燥している紙をパーッと引き裂くようなものですから、破れやすいわけです。乾燥がきつくなる秋口から先は、鼓にとって魔の季節、要注意です。

このようなことを考えますと、一年の四季のうつろい、寒暖の差が鼓が育つ条件ともいえます。鼓を打ち込んだり、育てたりする時には、日本家屋ですと湿度が変化してくれるので、打ち込みも楽なのですが、劇場のライトの照っている中などで新革を打ち込むのは不可能です。新革を育てるのは非常に大変です。鼓は「生きもの」なのです。

一期一会の舞台だから面白い

最後に、舞台における鼓の流派についてお話しましょう。

現代の能はシテ方が五流ありますが、囃子方はそのどこにでも出演しなければいけません。今は「座付き」つまり、一つの座に所属するという制度がなくなり、その制約から外れましたので、どの流儀でも相手をします。たとえば、主催者がシテ方ですと相手を頼まれるわけですが、頼む方も、「あ、この人だったら私の流儀のこの曲の相手をちゃんとしてくれるだろう」とか「今回は彼がこの曲を経験すれば勉強になるだろう」ということで声を掛けて来られるわけです。それは頼む方からの判断で、指名制なのです。だから、「源次郎、最近舞台にも、番組にも見ないなー」となったら、ちょっと間違いが多くなったり、鼓の音が悪くなったのでみんなが指名しなくなったのだなと思っていただいたら……（笑）。

能楽の面白いところは、同じ演目でも、流儀の組み合わせによって、違った舞台になるところです。流儀によって作品に対する解釈も違い、様々な小書（特殊演出）もありますしね。シテ五流（観世・金春・宝生・金剛・喜多）の組み合わせがあり、小鼓は四流（幸・幸清・観世・大倉）あるわけで、つまり同じ「羽衣」でもシテ方と小鼓だけでも二十通りの組み合わせが出来るということです。ですから、飽きずに色々なものを見ることが出来るのです。まさにその舞台は一回限り、一期一会

能楽流儀一覧

- シテ方《かた》
  - 観世流《かんぜりゅう》
  - 金春流《こんぱるりゅう》
  - 宝生流《ほうしょうりゅう》
  - 金剛流《こんごうりゅう》
  - 喜多流《きたりゅう》
- ワキ方《かた》
  - 宝生流《ほうしょうりゅう》
  - 福王流《ふくおうりゅう》
  - 高安流《たかやすりゅう》
- 狂言方《きょうげんかた》
  - 大蔵流《おおくらりゅう》
  - 和泉流《いずみりゅう》
- 囃子方《はやしかた》
  - 笛《ふえ》　方《かた》
    - 一噌流《いっそうりゅう》
    - 森田流《もりたりゅう》
    - 藤田流《ふじたりゅう》
  - 小鼓方《こつづみかた》
    - 幸《こう》　流《りゅう》
    - 幸清流《こうせいりゅう》
    - 大倉流《おおくらりゅう》
    - 観世流《かんぜりゅう》
  - 大鼓方《おおつづみかた》
    - 葛野流《かどのりゅう》
    - 高安流《たかやすりゅう》
    - 大倉流《おおくらりゅう》
    - 石井流《いしいりゅう》
    - 観世流《かんぜりゅう》
  - 太鼓方《たいこかた》
    - 金春流《こんぱるりゅう》
    - 観世流《かんぜりゅう》

（ワキ方・狂言方・囃子方の諸流）三《さん》役《やく》

の世界です。このようにレパートリーとバリエーションが多岐に亘る舞台芸術は、世界広しといえども聞いたことがありません。ご存知の方がありましたら教えてください。

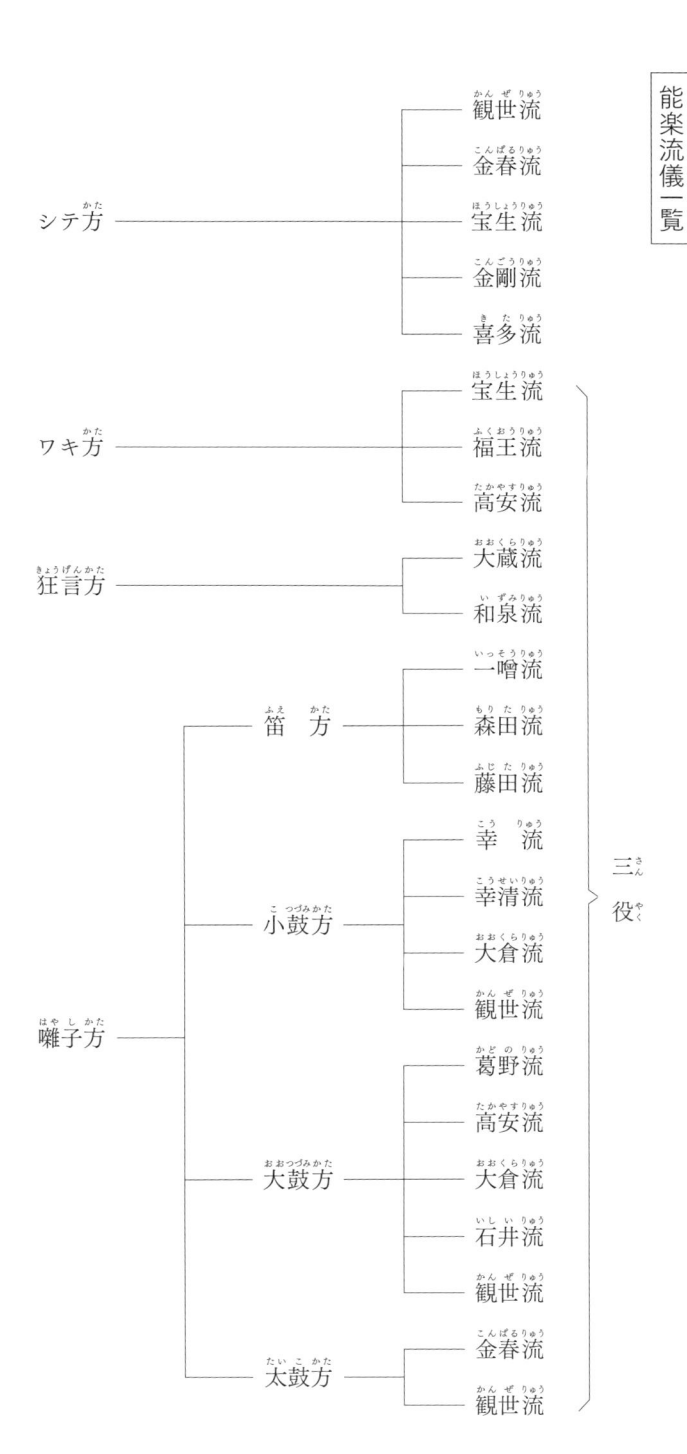

私にとっての能

全てが謎だ、だから面白い

音楽家
坂本龍一

ぼくは五十歳頃まで「花鳥風月」とは無縁で生きてきた。いやむしろそういうものを軽蔑していた。風雅だとか粋などというものは、金持ちの暇人がやることで、そういう「文化」というものは膨大な人間たちを搾取した富の上に成立しているのだと。いや、それは今でも正しいと思う。自分が学んできた西洋音楽も同じことだ。

そんなぼくに変化が訪れたのは、実はアフリカの鳥の美しさに魅かれたからだ。初めてだった。その時ふと「これって、花鳥風月だな」と、独り苦笑した。同じ頃、友人らと京都の寺巡りをする機会が増え、日本庭園とは何かを考えるようになった。

雅楽はその音響の面白さから、学生時代より聴いていた。しかし能楽は難しい。どう捉えたらいいのか、未だに分からない。自分が知っている世界のいろいろな音楽のどのシステムにも似ていない。誰が指揮するわけでもない緩急の変化や間、打楽器群とは別の時間に浮遊しているかのような能管、音楽のテンポとずれて動くように見える能役者の舞、そして地謡との関係。全てが謎に満ちている。だから面白い。こうやって人は能から離れられなくなるのだろうか。

私にとっての能

能本来の姿

彫刻家
新宮　晋

今から十八年前、風で動く彫刻群と共に世界の僻地を巡回する、ウインドキャラバンというプロジェクトを計画した。会場はモロッコ、ブラジル、モンゴルなど世界六カ所。各地の先住民族から、未来の地球の生き方を学ぼうと考えた。出発地は、私のアトリエがある兵庫県三田市の段々畑。オープニングには、門出を祝って、日本を代表する能楽を演じて頂きたいと思っていた。能楽の知識は皆無だったくせに。

二〇〇〇年六月十一日、海外からの友人たちも集まって、休耕田の会場は満席だった。寸前まで降っていた雨がピタリと止み、畦道にパンチカーペットを敷いただけの舞台で、京都茂山家によるこの日のための「田園三番三」が見事に演じられた。

それにしてもあの日の夕暮れは、ピンクから紫に変化する見事な色合いで、全てがその中に溶け込んでいた。あの時、あの場で起こったことは、二度と味わうことの出来ない、能本来の姿ではなかったかと、今も思っている。

旅僧という能の設定

興福寺貫首　多川俊映

能舞台に最初に登場するのはほぼ、一所不住の僧だ。今日ふらりとやってきて、明日はまた、風のごとくどこかに去っていく。そんな名も無き旅僧だから話し易いのだろう、鬱屈をかかえた何者か（概ね死者の霊）が引き出されて、能という楽劇が始まる。

後半の冒頭、旅の僧が死者を弔うと、その回向に誘われて、死者が生前の姿で現われ、心の鬱屈を語って昇華し、成仏する。

死人に口なしというが、死者は沈黙を余儀なくされた人で、それだけに心の屈託を聴いてもらいたいという思いは強いのだ。そんな時、思いの丈をじっくり聴いてくれる人がいたら、――あの時、私はこうだったのだ。と、能の後シテならずとも、つい饒舌になろう。

問題は、聴き手だ。ほんとうは、親しい人にこそ聴いてもらいたいのだが、親しいゆえに屈折して、本心が言えない。そんなもどかしさというのが、私たちにはある。能の旅僧は、そのまたとない聴き手なんだ。と、能を見ていて思う。

album

アルバム

「翁」　観世清和（写真提供：国立能楽堂）

毎年各地の能舞台では「翁」を奉納し、新年を寿ぐ。天下泰平、国土安穏、五穀豊穣を六百五十年に亘って祈り続けてきた。

「白鬚」　シテ：大槻文藏
小鼓：大倉長十郎
（写真：今駒清則）

「翁」に続いて演じられる神能では、全国各地の神様を顕彰し、目には見えない神の働きを確認する。

盲目の俊徳丸は数奇な運命を辿る。作者は世阿弥の長男・元雅。芸能者にしかわからぬカルマを作品に仮託したともいえる。

「弱法師」　シテ：観世清和（写真：吉越研）

一夏の間の法要で供えられた花を供養する立花供養の場に、夕顔の精が現れ、『源氏物語』の世界を謡う。室町時代から続く華道家元池坊と能楽の深い関係。

「半蔀」　シテ：本田光洋（写真：中川喜代治）

能では、各地で埋もれている古層の伝説の人々を僧が救う。その一つ、生田川の伝説を元に創作された名曲。

「求塚」　シテ：観世清和（写真：吉越研）

延年滝流しの場は、激流に弄ばれる弁慶の姿と、流れに浮かぶ盃を重ねる。

「安宅」　シテ：金剛永謹（写真：山口宏子）

喜多流の道成寺は、鐘の作り物が萌黄色。
無駄を削ぎ落とした、能ならではの時空間。

「道成寺」　シテ：粟谷明生（写真：服部まさ子）

同じ演者の五十年のうつろい。

早乙女たちの着物が違うのは、色々な村から集められたからか。右上は「三番叟」、太鼓が金色に塗られていることに注目！

月次風俗図屏風　部分　東京国立博物館　Image: TNM Image Archives

独鼓「鮎之段」　謡：大槻文藏　小鼓：大倉源次郎（写真：ウシマド写真工房）104頁上
一調「松風」　謡：大槻文藏　小鼓：大倉源次郎（写真：ウシマド写真工房）104頁中
一調「善知鳥」　謡：大槻文藏　小鼓：大倉源次郎（写真：吉越研）104頁下

雛と笙——。生き物の声と人工的な音という、二元対比。

鼓胴　生尽〈しょうづく〉し（写真：大道雪代）

奥より、出来たての新革、百五十年、二百年超えの老革（写真：大道雪代）

一九七九年、丹波篠山・春日神社での「道成寺」。シテの上田照也氏は、兵庫県を中心に二十カ所以上の能楽公演をプロデュース。

「道成寺」　シテ：上田照也

毎年四月十日、奈良県桜井市にある大神神社では、能楽「三輪」を中心に奉納。

「三輪」　シテ：金剛永謹（写真：佐野純子）

二〇一七年、談山能は新シリーズが始まった(通算七回目)。

「杜若」 シテ：大槻文藏（写真：大道雪代）

岡山には桃太郎伝説の元になった吉備津彦の話が伝わる。二〇一七年五月に復曲上演された。

「吉備津宮」　シテ：林宗一郎（写真：上杉遥）

中学一年生の私にとっては衝撃的な一枚であった。EXPO'70鉄鋼館の円形劇場において上演された。

「善知鳥」　シテ：観世寿夫（写真：今駒清則）

一九八一年、大阪・梅田のファッションビル、オレンジルームにて。

「殺生石」　シテ：観世暁夫〈九世銕之丞〉（写真：瀬野雅樹）

ツクスマが楽曲を先に作り、詩を堂本正樹氏に、
最後に節付けと型付けを大槻文藏氏に。

「春窮まりて」　シテ：赤松禎友（写真：瀬野雅樹）

「春窮まりて」　シテ：観世暁夫（写真：瀬野雅樹）

「クローン人間ナマシマ」　ナマシマ：四世茂山千作（写真提供：国立能楽堂）

哲学者・梅原猛氏による新作狂言。
狂言の視座からの現代風刺。

「鷹姫」　老人：観世暁夫
空賦隣：福王和幸
鷹姫：赤松禎友
（写真：瀬野雅樹）

横道萬里雄氏と観世静夫（八世銕之亟）氏にご指導いただき、大阪府民劇場賞団体賞を受賞。

フランス・フェール城において、異文化の出合いをテーマに、「羽衣」を演能。

「羽衣」　シテ：観世清和（写真：小野祐次）

最前列の観世静夫氏、父・大倉長十郎を囲んで（写真：瀬野雅樹）

オレンジ能最終回（「井筒」シテ・観世暁夫）演能後の集合写真。

制作に関わった公演チラシの一部（写真：大道雪代）

多田富雄氏による新作能の中でも異色の白州正子へのレクイエム。

アウシュビッツ、福島。人は大自然といかに向き合うのか？普遍的なテーマを陛下の御製歌に乗せて掘り下げた。駐日ポーランド大使、ヤドヴィガ・ロドヴィッチ作。

宝生流・辰巳満次郎氏による
「オセロ」「マクベス」。
シェイクスピアの能は新たな
能のステージとなり得るか？

「オセロ」　シテ：辰巳満次郎（写真：瀬野雅樹）

「花供養」　シテ：梅若玄祥（写真：吉越研）120頁上
「鎮魂」　シテ：観世銕之丞（写真：吉越研）120頁下

富士山を通るレイライン上、富士山静養園に作られた能舞台。雄大な富士山を背景に演能。

「羽衣」　シテ：山階彌右衛門（写真提供：富士山静養園）

五百五十年ぶりに賀茂御祖神社
糺の森において再興された糺勧進能。

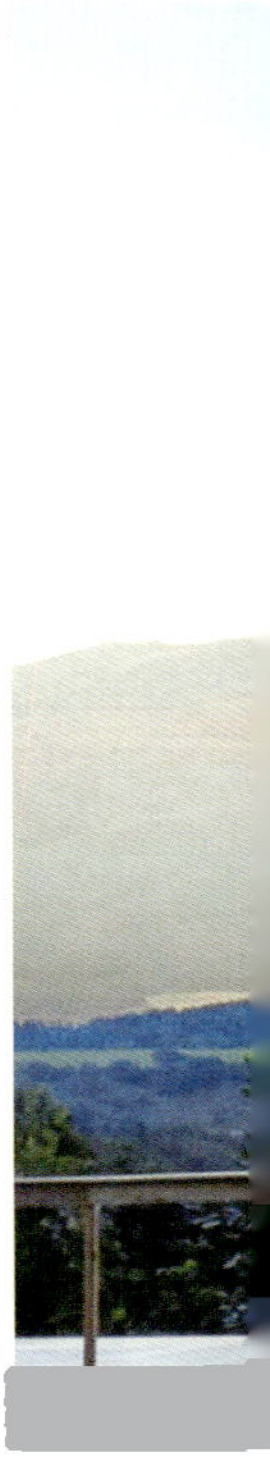

「賀茂」　シテ：観世清和（写真：相澤裕明）

様々な歴史を刻んできた比叡山において平和を祈る翁。野村万作・萬斎親子で奉納。

「翁（大黒風流）」 三番叟：野村万作　大黒：野村萬斎（写真：生原良幸）124頁
「土蜘蛛」 シテ：梅若玄祥　花：辻雄貴（写真：松浦栄一）125頁

縄文文化の色濃い静岡県・倭文《しどり》神社。
先住民との戦いと鎮魂のメモリアル能
「土蜘蛛」を上演。

ポール・クローデルは「劇、それは何事かの到来であり、能、それは何者かの到来である」と表現。フェール城にて。

「翁」　シテ：観世清和（写真：谷 尚明）

兵庫県・風のミュージアムで繰り広げられる、天の岩戸開きの神話。

「絵馬」　シテ：梅若玄祥（写真：新宮夕海）

釈迦如来（過去世・中央）、千手観音（現在世・右）、弥勒菩薩（未来世・左）が蔵王権現として、六六八年に吉野に出現。

金剛蔵王大権現　金峯山寺蔵

二〇一一年「奉納 翁」始まる。
平和への祈りの原点に……。

談山神社「奉納 翁」 観世清和（写真：佐野純子）

第三章

能楽への模索

復曲狂言「白鷺」　白鷺：小笠原匡　近鉄アート館（写真：瀬野雅樹）

「能楽堂ほど能を演《や》るのにふさわしくないところはない」。

これは若い頃から思っていた、能楽に対する一つのアンチテーゼです。その心は、能楽師が能楽堂で演じると、どんな演者でも能に見えてしまうから、ということです。

ここでは、子どもの頃からの能との思い出、たまたま大学時代に読んだ『古事記』が能を知る上で役立った話、能楽堂を出た能「劇場能」に挑戦したことなどを中心にお話いたしましょう。

能の家に生まれて

子どもの頃のこと

私は一九五七年生まれですので、実際に能を見た記憶があるのは一九六〇年代半ばからになります。その時代は、私にとって素晴らしい能がたくさんありました。今はないかというと、そういうわけではないのですが、やはりその時点で子どもなりに見る能はすべて新鮮に映ったわけです。ああ、こんなに面白い、この方こんなに格好よいとか、この方すごく舞い方が綺麗だとか、一曲一曲、本当に楽しみに能を拝見し、父について舞台を回るのが楽しい時期でした。しかし、まさに「飴《あめ》と鞭《むち》」で、子どもの頃は飴が多かったのですが、いつの頃からか鞭が多くなったりして、ちょっと辛いなという時もありました。しかし、それでも能は見たいと思いました。稽古をすることが面白くて、その頃はとにかく前に進んでいけたのだと思います。

私が父の舞台を意識し始めたのは、小学校の高学年です。私には二つ上の兄がおりましたので、催しがあると、だいたい兄と代わり番こで連れて行ってもらいました。本格的に能の勉強をさせていただいたのは中学生からで、大阪能楽養成会に入りました。所属すると、笛や大鼓、太鼓などのお稽古を無料で受けられるという、能を目指す者にとってありがたい制度があるのです。多くの支援者の方がいらっしゃいましたが、その頃の会長は鮨萬《すしまん》の小倉様で、年四回の発表会のお弁当が何と鮨萬さんのお寿司なのです。これがいつも楽しみで、今でも小倉様にお会いすると、私たちは正しく小倉様の鮨萬で育てていただきました、と感謝申し上げています。

子どもの頃は純粋です。楽屋で着物を着替えさせてもらい、舞台に出させてもらいます。そうすると、ご褒美をいただけたり、皆から頑張ったねと言っていただけます。その上、お小遣いをくださったり、そんなことがすごく楽しくて、後から考えますと、そうやって子どもを育ててくださっていたんですね。子ども心にもそれはわかり、子どもなりにご恩を感じているわけです。その後、大きくなった時に、育てていただいたことに対して、何とか恩返ししないといけないという思いに繋がっていきます。これはすごく大事なことだなと改めて思う次第です。

能楽堂は遊び場

小学生の頃から休みの日になると能楽堂に連れて行ってもらうようになりました。今のように映画やドライブなど、そんなに気楽に行けなかった（そのように思い込まされていたのかもしれませんが……）時代ですから、能舞台に行って遊ぶのが楽しいと、親の自然な教育でなってしまうわけです。実際に能を見て楽しいかというと、それよりも、そこへ行って友だちや従兄弟（従兄弟は二十五人。そのうち十五人くらいが能楽師）たちに会えるので、そこでお能の話をしたりして遊んでいるという具合でした。

そのうち、自分の置かれている環境が他の人とは違うということに気づく時がありました。十歳の時に大阪から西宮の夙川《しゅくがわ》に引っ越したご縁で、芦屋の甲南中学校に入り、二年間馬術部に所属しました。練習する馬場が兵庫県の三木という遠方で、土・日しか騎乗練習が出来ませんでした。平日はミーティングとトレーニングですので、舞台がある週末は馬に乗れない部員でした。それでも馬にご縁をいただいたおかげで、今でも馬に乗れますし、兵庫の自然の中で飼葉《かいば》の草刈り、藁《わら》運び、馬の手入れをさせてもらったのは貴重な体験でした。

学校では先輩や先生方に叱られていた私が、楽屋に入って紋付姿でいると「先生」と呼ばれ、「これ、なんかおかしい」と悩んだこともあります。

自分だけが変なことをやっているなというふうに思ったのは、舞台に出るという特殊な時です。学校の先生方が見に来てくださったりしますので、「あぁ、他の友だちはしてないなぁ」と気づくわけです。中学二年の終わりに馬術部を止めようと決心した時は、なぜか自然に涙が出てしまいました。

小さい頃に能楽堂で叱られたこともよい思い出です。子ども同士で騒いだり走ったりするとかね。舞台が白木ですから、それを手で触ったりすると指の跡が出たりしますから、「触っちゃだめだ!」とか言われましてね。新しい舞台披露の時は特に叱られました。そういうことは非常に印象に残っています。

EXPO'70 昭和の一枚

「二十世紀の演能の写真を一枚選んでください」と言われたなら、迷わずこの写真を出します（112頁参照）。大阪万博が開催された一九七〇年、「鉄鋼館」でお能が上演された時のものです。私はEXPO'70の時は十二歳ですから、非常に強烈な印象として、この今駒清則さんの写真が頭に残っているのです。それからの劇場能の一つの指標となったというか、それまでにないインパクトがありました。

それまでの劇場能というのは、いわゆる市民会館などに能舞台風の所作台《しょさだい》を置き、劇中劇のような形式で能を見せるというものでした。そういうものに対して、鉄鋼館は円形ホールだったのです。その円形ホールの舞台機構を最大限に使って能を上演されたのです。観世榮夫《ひでお》先生が演出して、照明や音響も、氏《うじ》伸介氏という照明の方と、音響はちょっと名前忘れましたけれど当時の音響の技師の中では優れた方が入られて、独特のプログラムを作って上演されました。鉄鋼館は、当時の最先端という意味合いで扱われたと思うのです。

笠を押さえているシテが観世寿夫先生です。本当に、時代を象徴している一枚ですね。「昭和の能」という意味で、能楽堂から出て行う能を、何か違う視点からもう一回見つめ直す一つのきっかけを作ってくださったのが、寿夫、榮夫、静夫（八世銕之亟）の三人だったと、改めて思います。

中学一年生の時にこの衝撃がありました。その後、中学三年から高校一年くらいの時に、この方たちが「冥《めい》の会」という芝居を始められました。能楽師なのに、早稲田小劇場の鈴木忠志氏たちと、お能の他、ギリシャ悲劇なんかもやり始められたのです。変な人たちがいるなあと思いながら、非常に興味を持っていたのは確かです。その寿夫先生の能や、普段見ることの出来ない東京の方々の演能が、大阪や京都であると見に行くというのが、高校生くらいの時の話です。

鉄鋼館ホール円形舞台（写真：今駒清則）

鉄鋼館外観（写真：今駒清則）

『古事記』との出合い

大学生の時にゼミで『古事記』を改めて読みました。その時、私が一番ひっかかったのは、スサノヲノミコトが八岐《やまた》のおろちを十拳剣《とつかのつるぎ》で退治した後、尾っぽを切ったら、草那芸剣《くさなぎのつるぎ》（草薙剣）が出てきたというシーンです。なぜここで草那芸剣が出てくるのか、その意味がわからないし、どう考えてもおかしいのです。たとえば、漫画やテレビドラマで、初めて出てきたものに「これは後で出てくる大事なものだから、よく覚えといてね」みたいなことを言っているように思えるのです。つまり、最初から種明かしをしているのです。

何か意味があることなんだと読み進めていくと、草那芸剣を使用したエピソードが書かれていました。そこでは、ヤマトタケルが駿河の野原で先住民に火を放たれて囲まれた時、草那芸剣で薙ぎ払ったら、火の手が敵方に吹き返り、焼き払われたので、その場所を「焼遺《やいづ》（焼津）」と名付けたとあります。その時に剣で草を薙ぎ払ったということで、ようやく「草那芸剣」という名前になったのだと出てきました。

それで色々と疑問に思い、改めて「剣」の出てくるシーンを最初から抜き出してみました。すると、十数カ所くらいありました。それから、その剣のエピソードには、タケミカヅチノカミが出てくることが多いということに気づきました。つまり、鉄を伝えた人たちですね。当時の剣というのは、諸刃《もろは》の剣です。この諸刃の剣は、戦闘兵器ではなく、宣誓《せんせい》のための機能を持っていたといわれています。

たとえば、タケミカヅチの神が出雲国の先住民のところへ行って剣を立てて、その上に座ったとあるのですが、その剣で「言向《こと》け」するんです。つまり、言葉を交わすわけです。次に「言問う」。つまり、交渉をするわけです。そして、最後に「言和らげる」、つまり、和平交渉に入るのです。この剣に誓ったことによって、約束を破ったら破ったほうへと振り降ろされるのです。これが、宣誓のための剣ということです。このように、刀は戦闘兵器、諸刃の剣は宣誓具として描かれているのです。

さて、タケミカヅチの神が座るというのは、私は避雷針《ひらいしん》の役割をしているんだと思っています。「稲光《いなびかり》」という言葉がありますが、「稲妻《いなずま》」は稲の妻、「雷」は田んぼの雨と書きます。稲が実る頃に雷が落ちて、それをこの剣に落とさせるということは、「この雷様のパワーを私たちは自由に使えるんだよ。こんな私たちに逆らったら、どんなことになるか、わかっているだろうな」と言ったのだと思うのです。それが和平交渉のための最大の道具だったんでしょう。

そういった剣の神事までは、そのようなことがずっと守られていました。ところが、草那芸の件《くだり》の時だけ、先住民をすべて殺したと書いてあります。霊剣の中で、本当に殺戮《さつりく》兵器に使ったのは、これが初めてだということなのでしょう。「武」という語は「戦いを止める」と書きますから、武力に使うのと、兵力に使うのとでは意味が違うということを、ここで説いているのです。

『古事記』は究極の平和思想を根底に持っているというのは、そういうところがちゃんと書き込まれているからではないかなと、私は勝手に思いました。

さて、その草那芸の件の後、霊験の威力が落ちてしまいます。それは剣に血糊《ちのり》がついて、錆《さ》びたんじゃないかという説があります。錆びると雷が落ちなくなります。その後は、「言向け・言問い・言和らげ」がうまくいかなくなり、悪戦苦闘して、最後には房総沖でオトタチバナヒメが身代わりになって入水します。そして、ヤマトタケルは、伊吹山から哀れな末路をたどっていくわけです。

ヤマトタケルは、権力の象徴であり、武力の象徴です。技術を平和利用するかしないか、また物質文明と精神文明のせめぎあいを象徴している複合的な人物と思って読んでいくと、すとんと腑《ふ》に落ちるのです。『古事記』には、古代から現代まで通じる人の「性《さが》」が描かれているということでしょう。

一方で、「羽衣《はごろも》」という能の曲があります。この「羽衣」は、話し合いによって平和が訪れた話と読むことが出来るのですが、同じ静岡の話として、殺戮の「草那芸」があるのです。

「羽衣」では、天気がよければ漁をして、獲《と》れた魚を市場で売って「いつもニコニコ現金払い」の日銭生活をするような文化と、大陸から伝わってきた暦や絹の

「羽衣」 シテ：梅若紀彰

文化を伝えた信用取引の世界の人たちが、「衣」という成果物の取り合いになります。そこで、武力抗争になるのかなと思いきや、ちょっとしたお互いの気遣いで問題が解決出来たという、平和な記憶のエピソードが語られています。

しかし、それは殺戮の物語があったからこそ、平和な羽衣伝説が定着し、平和への願望が「羽衣」という、作者の創作意欲をかきたてたのだと思います。

千三百年の時を越えて

『古事記』には神話が描かれ、人類誕生からの非常に古いことを書いているように思われますが、実はそうではありません。成立したのは八世紀ですから、たかだか千三百年前の人の手によるものです。

七一〇年（和銅三年）に平城遷都が成功して、平城宮という人の住まいと、興福寺という仏様の住まいと、春日大社という神様の住まいといったように、人・仏・神が仲よく集い、大きく和した理想世界の平城宮が完成しました。「日本」もしくは「大和」という国の形が整ったということで、これをメモリアルとして残そうぜ！　といって書き始めたのが、『古事記』なのです。出来上がったのは七一三年（和銅六年）。その時の稗田阿礼《ひえだのあれ》は、何と「書く文字がなかった」と言っています。しかし、文字がないわけはありません。

当時の様々な民族が持ち込んだ古代文字はたくさんあったはずです。ただ、「大和」の国で「大和言葉を表す文字」がなかったということを意味しているのです。人と仏と神が集って協力する新しい理想の国が完成したけれども、表記する術《すべ》としての共通言語がないから、口承《こうしょう》文学としてこれを書き留めるために『古事記』としてまとめましたよと。これが七一三年のことでした。

誤解を恐れずにどんどん言います。日本の国は古いのですが、実は本当にまとまったのは結構新しいのです。七一三年まで共通の言葉がなかったということでもわかりますが、統一されるのは八世紀です。そして、藤原家と当時の天皇家の物語に様々な部族のエピソードを織り交ぜて作った『古事記』が生まれたのです。これは、近年徐々にわかってきたことで、ようやく言えるようになってきました。また、『古事記』は、国内向けの国書であって、これを海外、当時のアジア共有語である古代中国語に書き直して、外国の人に見てもらうための文書にしたものが『日本書紀』で、完成が七二〇年（養老四年）です。二〇二〇年の東京オリンピックでも、千三百年の時を超えて日本を見直し、海外に発信するのはとても意味があることだと思います。

大学生の時に読んだ『古事記』は能楽の根底にあるものへの気づきを与えてくれただけでなく、物語が残され伝えられるということの意味を教えてくれたように思います。

大槻能楽堂の解体

能楽堂において印象深く残っていることの一つに、堺能楽会館の存在があります。戦前に建てられた大槻能楽堂が老朽化で建て替えになりまして、これに代わる舞台として貴重な存在だったわけです。私が二十代前半くらいの時だったと思います。

一九八一年に大槻能楽堂が建て直しになる前、一九七八年にその前身の古い能楽堂は解体されたのです。解体する時には次の能楽堂のプランが出来上がっておりまして、本当に素晴らしい計画が立てられていたのでした。照明プランは自然採光を取り入れて、装束の色目が一番よい色目で見えるようにとか、大槻文藏先生も、その御門下の泉泰孝先生も一緒になられて、当時のユニークな建築家の方と協力して理想の能楽堂を大阪に作ろうと気合の入ったプランでした。

天気のよい日に大槻能楽堂の昔の屋根を一枚ずつ外して、自然の採光を取り入れながら色々な装束を出して、どの色目が一番よいかとか、ルクスはどれくらいがよいかとか、そんなことを調査しながら、解体作業が進んだようです。前の大槻能楽堂は音響も非常によい状態でしたから、それをいかに次の舞台に活かしながら出来るかなと、話をしながら解体を見守りました。そういう数週間の解体作業に、折に触れ胸ワクワクで立ち会っていました。

そして、全てが解体され「大槻能楽堂再建予定地」と書いた鉄の看板がバーッと出ましてね、みんないつ建つのだろうかと思っていたのですが、なかなか工事が始まらないのですよ。実はその建築に携わっていた建築会社が別件の不良債権でダメになっちゃったんです。それで、再建が滞ってしまったのです。

この後、文藏先生も泉先生も大変なご苦労をされ、東奔西走されました。鉄の看板に年毎に端のほうから錆が出てきましてね、このままひょっとしたら錆びちゃうんじゃないかというくらい心配したんです。

そんなわけで、能楽堂の建て替えの間、どこかで私たちのちゃんとした稽古会をしましょうというので、堺能楽会館でさせていただきました。一つ一つの能舞台のありがたさを、いやというほど知らされた、貴重な体験でした。

伝承と修得

大槻文藏先生は、御祖父様にあたる大槻十三先生から、十五、六歳までに謡曲のほとんどを口移しで教えてもらったそうです。ある方に伺ったお話ですが、文藏先生が十五歳くらいの時に稽古場で教えられていた曲が、最奥の三老女の一つ「姨《おば》捨《すて》」だったそうです。ですから、大槻先生が謡本を開いて見ておられるのを見たことがありません。とんでもない英才教育を受けられたわけです。

そんな先生を見ていたら、自分たちもそうなるんだと思っていましたけれども、そうはならなかったです（笑）。それは特殊な環境だったわけですが、十三先生は、非常に綿密なお稽古をされたそうです。

しかし、能楽はそれが当たり前だったのだと思います。五歳から、いわゆる物心がついた頃から指南《しなん》役の先輩に英才教育でどんどん口移しで教えてもらうことで、十五、六歳には二百番の能をお経みたいに謡えるようになったのです。昔は十五、六歳で元服したら、一応一人前扱いされますので、その時までに能も出来上がるわけです。その上で芸を修養するので、それこそ人生五十年の時代ですから、非常にスタートラインが早いわけです。日本が職人文化であったということもいえますが、そういう優れた教育システムがあったのです。私の時代にはそんなシステムはなくて、十五、六歳でも鼻垂らしていましたね（笑）。

大槻能楽堂の完成

大槻能楽堂が建たない、建たないといってみんなで心配していたら、とにかく工事が始まって、私が二十六歳の時にようやく出来上がったのです。その間もう本当に気が気じゃなかったですね。工事が始まったといっても資金集めにものすごい苦労されていて、「まだ後これだけお金が足らん」とか言って、父・長十郎と一緒に悩みながら歩いておられたのを覚えています。能舞台一つ作るというのは大変なことなのだということは、その時に身にしみて感じました。

能楽は国の絶大な保護を受けている古典芸能で、能楽堂は国が運営していると思われている方がいらっしゃるようですが、全てがそうではなく、民間経営で大変苦しい経営をしているところが殆どです。また、歌舞伎のように製作会社があって、経営をしてくださる方があるというわけでもありません。最近でこそ行政やイベント会社の主催する催しは増えましたが、能楽師同士が主催する互助的な公演が殆どを占めていた時期が、戦後は特に多くありました。つまりは、能楽師は経営者でもあり、俳優や演奏家でもあり、また先生でもあるというわけです。

戦後の生活が厳しい時、お稽古用の着物もなく、ズボンとYシャツで申し合わせ（リハーサルのようなもの）や稽古能をされたそうです。しかし、ある程度豊かになってきた時に、東京の亀井忠雄先生が「先人が苦労して作られた舞台にそんな

大槻能楽堂の能舞台（写真提供：大槻能楽堂）

格好で上がるのは失礼だから、ちゃんと着物を着て上がろうよ」と言い出してくださったのです。それで、私たちも皆、稽古能や申し合わせでも着物を必ず着て上がるようになりました。若い頃、能が大変だった時期に接し、能舞台を建てることがいかに大変かを知り、先人たちの苦労や体験を叩き込んでいただいたおかげで、とにかく舞台に上がらせていただくこと自体が感謝から始まることだと植えつけられたのは、本当にありがたかったと思います。

そして、私が二十六歳の五月に、無事に大槻能楽堂の舞台披《ひら》きが行われ、亡くなった父も出勤させていただいていました。ちょうどその年の九月には東京に国立能楽堂も出来ました。

その後、数は少ないですが、行政による能楽堂も建ち始めました。国や行政の予算で建つ地域は本当に恵まれていると思います。私たちは先輩方が個人で奔走されている苦労を散々見ていましたので、これは非常にショックでした。

能楽堂は世界に誇る日本の劇場建築です。オリンピックで日本に訪れる世界中の人に足を運んでいただきたいです。

ツクスマという活動

「能楽堂ほど能を演るのにふさわしくないところはない」

これは若い時から思っていた、能楽に対する一つのアンチテーゼです。その心は、能楽師が能楽堂で演じると、どんな演者でも能に見えてしまうからです。「能楽堂」という特殊な器の魔術に助けられ、演者の芸のレベルを問わず、とりあえずは「能」という形に収まってしまうのは、よいことでもあり、また危うさもあります。

鈴木忠志氏の『劇的なるものをめぐって』の中に「畳は和室に敷き詰められている時にはその存在を主張しないが、玄関にぶら下げられた時にその存在を主張する」というような一文があります。能楽堂を出ていかなる空間でも能になるとはどういうことなのか？　世阿弥がもし生きていて現代の空間で能を上演したら？などの念《おも》いで能楽堂以外の能の上演に挑戦しました。

そのような舞台に対して「実験ですね」という人もいましたが、私は「実験」という言葉は嫌いです。実験には失敗もあり、それが許されるからです。

翻《ひるがえ》ると、中学一年の時に見たEXPO'70の「善知鳥《うとう》」の写真のショックが根底にあったのかもしれません。幸い、能楽堂を出た能に挑戦し、実績を残された先達もおられ、その指導を仰ぎながら取り組んだことを、お話したいと思います。

ツクスマ結成

私が二十二、三歳の頃のこと、当時の関西学生能楽連盟の活動が活発になっていました。その世話をされていた太鼓方の上田悟氏から自分たちの勉強のためにも何か若い人向けに催しをしないか、と声を掛けていただきました。それで、小鼓の私、大鼓の兄の三人で「ツクスマ」という囃子のグループを結成しました。

「ツクスマ」というのは、能楽の専門用語で、三拍半の間のことです。小鼓と大鼓と太鼓の三人と＋αということで、「ツクスマ」という名前をつけました。「ツクスマ」の語源は、息を出し「尽《つ》くす間《ま》」ということです。八拍の中で三拍半というのは、一番長い間のことで、「三」の縁語として大鼓方の兄が提案しました。

活動の本拠地となったのは大阪の中心部、梅田です。今、梅田のど真ん中に赤い大きな観覧車があるヘップファイブには、もともと阪急ファイブというビルがあり、一番上にボーリング場がありました。そのボーリング場が閉鎖されて劇場になり、「オレンジルーム」という若い人たちの演劇の発表の場になっていました。支配人の中島陸郎氏に「ここで能が出来ますか？」と相談に行きました。すると「じゃ、やってみてください。協力します」と言ってくだったのです。

その頃、『プレイガイドジャーナル』という若者向けの情報誌がありました。今の『チケットぴあ』などの情報雑誌のさきがけなのですが、そこに載せられている能楽公演の情報量があまりにも少ないことに焦りを覚え、「ここに記事を書かせてください」と頼みに行きました。そして、若い方々に能に親しみを持ってもらいたいという一心で、コラムを書かせてもらいました。私が大学生くらいの時です。今度は大阪で何があるから面白いとか、能についての案内ガイドを「能楽ノート」というタイトルで連載させてもらったんです。

同時に、一般の人の目に触れてほしいという一心で、囃子コンサートを開いたりもしたのですが、スケジュール欄では「古典」の部類に入れられてしまうのです。洋楽関係の人の目にもつくようにと、音楽のコンサートのジャンルに入れて欲しいとお願いしたのですが、どうやっても古典の枠に入れられてしまい、普通の音楽を聴くような感じで人が来てくれないし、若い音楽好きの人たちの目にはつかないわけです。このジャンル分けには本当に困惑しました。

能楽堂を出た！

オレンジルームは、鰻の寝床みたいな会場でした。

この時には、劇場能の経験が豊かな観世静夫先生に相談に乗っていただいて、制作、広報、運営などを一から教えてもらいました。舞台監督や照明も必要だということで、プレイガイドジャーナル社の松原利巳氏のご紹介で、演劇界で幅広く活躍され、なおかつ能楽を嗜んでいらっしゃった古賀かつゆき氏に舞台監督を半ば無理やりにお願いしたりもしました。

それで、どうせやるからにはお客さんが連動して来てくださるようにと、シリーズ化して一年間で五回行うことになりました。能の公演を演ったり、コンサートを演ったり、色々な形でとにかく演りました。

ただ、このような新しい企画に対して、「若いのが勝手に好きなことを演っていると思われたくなかったので、あくまでも自分たちの勉強を見ていただくことを主眼にして、製作協力に観世静夫、大槻文藏、指導に大倉長十郎、三島太郎という具合に、それぞれの師匠にお願いして、稽古をつけていただくようにいたしました。

この後、劇場が次々と建ちましたが、その都度、「もし、世阿弥が生きていたら」という考えを元に、様々なところで能を上演させていただきました。

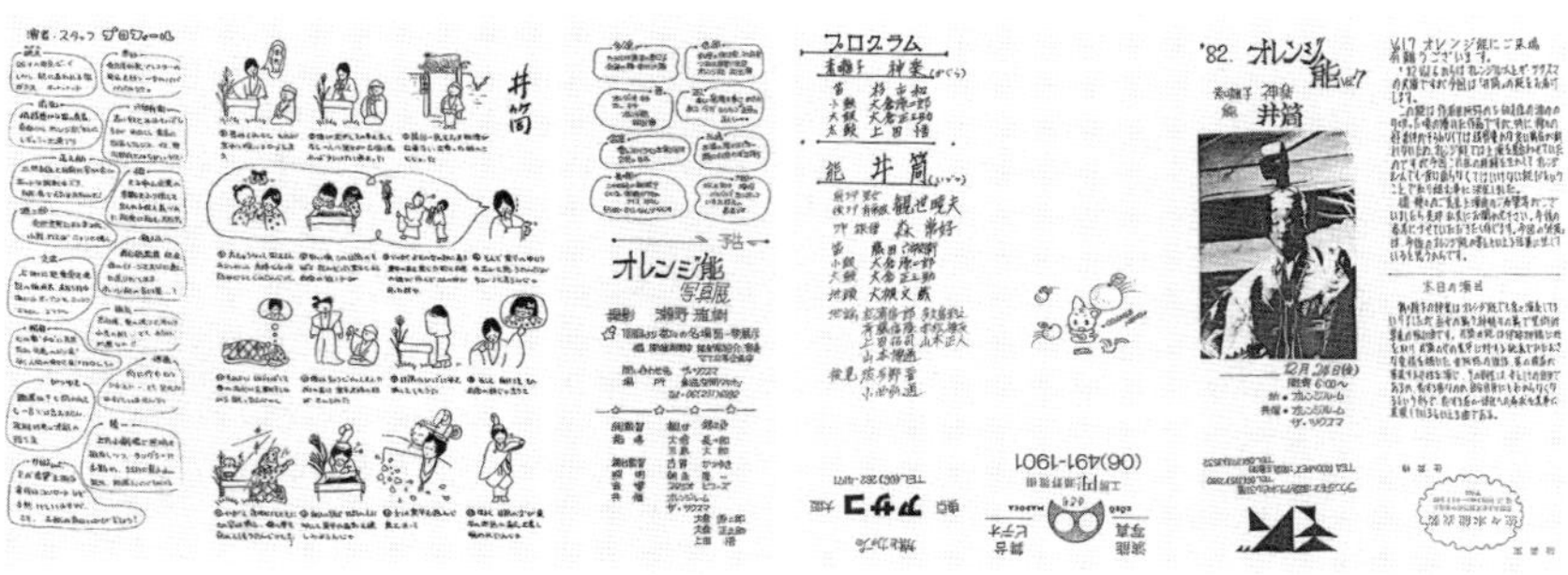

オレンジ能手書きパンフレット

オレンジ能

113頁の写真をご覧ください。オレンジルームに布がぶらさがっています。この布は、観世静夫先生がオレンジルームでの下見で「こんな後ろが殺風景なボーリング場の壁みたいなところでは能なんて出来ない」と、「冥の会の芝居の時に使った網があるから持って来い」と言われましてね。それで、東京・赤坂の榮夫先生のガレージに置いてあった網を大阪まで運んできて吊るしたのです。

その時に上演したのが観世暁夫（九世銕之丞）氏の「殺生石《せっしょうせき》」という能で、那須の原の殺生石にまつわる物語です。吊るした網の向こうを緑に出来るじゃないかと。まるで那須野の原っぱが奥へ広がっている、大自然が後ろにあるようなイメージを作れ！　みたいなことを言いながら、みんなで網を吊ったわけです。

照明も劇場能としてのセオリーとして、ホリゾントをブルーに染めたり赤に染めたりはある程度しました。それから、心象的な広がりを持たせようということで、限られた設備の中で工夫して構成、演出を組み立てていきました。

能は、ご存知のように、観る人のイメージの中で色々な光景を思い浮かべるのがよいところですよね。ですから、あまり具体的なイメージを作ってしまうのはよくないということで、ギリギリのところを工夫してやろうとしました。

見・聞・心の面白さ

その頃は、自分も若かったですから、とにかくお能を若い人に知って欲しいという思いが強く、また、自分たちが何か新しいものを作り出したいという欲求との両方あったんでしょうね。その両方が、当時は純粋にかみ合っていたのだと思います。

おかげで若い方にたくさん見ていただくことが出来たと思います。結局、オレンジ能は「殺生石」で始まって最後は「井筒」で終わりました。なぜ「殺生石」で始めたのかというと、能楽の演目である「神・男・女・狂・鬼」の中で世阿弥のいう「見聞心」の面白さに即して一番見てわかりやすいのは鬼の能だということになり、「殺生石」を演りまして、間にコンサートを開いて囃子を聞いていただき、最後にわかりにくいけど心に響くのは？　ということで、最後に「井筒《いづつ》」を演ったのです。終わったあとに、「えらいもん演ってしもたなあ」と言いながら皆で記念写真を撮りました（118頁参照）。静夫先生や私の父が最前列に座って、まあみんな若いですね。藤田六郎兵衛さんがパーマ姿で写っていて、後ろで薄《すすき》を持って立っている人もいます。このような非常に楽しい写真が残っていて、懐かしく思い出されます。

「殺生石」に始まって「井筒」まで、二年間で計七回の公演をさせていただき、オレンジ能は終了しました。他には、一九八一年の神戸ポートアイランド博覧会や、奈良の元興寺《がんごうじ》などのお寺等、色々なホール能や能楽公演を製作しました（119頁参照）。

また、大阪の扇町ミュージアムスクエアというところに新しいシアターレストラン付きのホールが出来たのですが、この時「演らないか」と声を掛けていただいたのが、オレンジ能でもお世話になった松原利巳氏でした。二十七、八歳の頃のことです。大阪ガスの施設をホールに改造し、真ん中に二本の柱が立っている空間だったのですが、それを目付け柱と脇柱に見立てて舞台を組みました。そこへ出るにあたって、今度は舞台の専門の方を紹介しましょうといわれたのが、そのホールで「スタッフ」というシアターレストランを経営されていた、山中元氏でした。元さんは非常に面倒見のよい方で、多くの若い劇場スタッフを育てられ、のちの「談山能」でもお世話になる方でもあります。

ジャンルを超えた先達の影響

誤解をされると嫌なのですが、当時は各シテ方の宗家をはじめ、名人達人がしのぎを削って素晴らしい能を演じておられました。私が劇場能に挑戦したのは、それらの世界がある上で、なおかつという意味です。この幅と層の厚さが時代を象徴していました。

どっぷりと能楽の世界に首まで浸かっていた若い時は、同世代の素晴らしい方が全国各流にたくさんいらっしゃり、ぼやぼやすると置いてきぼりにされるとの恐怖が絶えずありました。他にも大勢の先生方、すごい方々がバリバリ活躍されていた時代です。

自分を能の世界に向かわせるためにも、あえて色々なジャンルのものを見たり聞いたりさせていただいたおかげで、能以外の演劇人の方々、他の業界の方の影響を大いに受け、逆に能にしか出来ない舞台に目が向いたのです。

能楽の方の中では、とりわけ育ち盛りの私たちにとって、静夫先生の影響、文藏先生の影響というのは大きかったと思います。文藏先生にしても、静夫先生にしても、色々よいものを吸収する力が非常にある好奇心の旺盛な方々です。今でも文藏先生は絶えず天野文雄氏や村上湛氏など、第三者の意見を取り入れながら、自分たちの能を育て、また作っていくということをされています。自分で演って

素囃子　近鉄アート館（写真：瀬野雅樹）

いる人は自分がよいと思うものをどうしても見せたくなるということがあります。そうすると、見ている方は「またか！」ということになってしまいます。

第三者の目で自分を見たら、本当は出来るはずなのに、出来ていないだけかもしれないですよね。パントマイムのマルセル＝マルソーは「影響を受けるということは、本来出来ることが、ある人に出会ったり、何かを見たことによって、自分の中で開花することだ」といったことを書いています。これはものすごく冷静な判断だと思うのです。影響を受けたというのは、よい意味で違う面を見開かせてもらったというようなところがあると思います。

たとえば、山中元氏は、舞台を作っていく上で裏の裏では何が必要かということを、非常にまめに考えておられる方だと思います。能楽というのは、能楽堂に行って能楽師が集まればパッと出来てしまう世界なんです。しかし、その前に、本来何が必要かといったことを、もう一度ちゃんと考えておかないとよいものも出来ない、そういうことに気づかせてくださるところがあるわけです。

能舞台以前に立ち返って

こうして、演能の場がどんどん移っていきました。一九八六年に近鉄劇場で演ることになった時、観世榮夫先生に演出をお願いして、シテは大槻文蔵氏で「自《じ》然《ねん》居《こ》士《じ》」という演目を劇場バージョンでさせていただきました。

「自然居士」というのは、観阿弥の作です。観阿弥の作というのは、まだ能舞台が出来ていない頃、つまり、今の舞台の形になっていない時の台本なんですよね。それを安土桃山以降、能舞台が完成した後に、能舞台用に演出を置き換えて作った能が、今の形なのです。観阿弥時代の能を劇場で演る時には、逆に観阿弥時代の能をちゃんと類推して、精査して劇場でやらないと、能舞台で演っているのをそのまま劇場で演っているだけではだめなんだと、榮夫先生や静夫先生は私たちに言われたのです。

「自然居士」という曲の前場は、雲《うん》居《ご》寺というお寺のお堂の中で、自然居士という人が説法をしている場です。この場のために柱を立てろと言われました。

面白いですね、劇場に柱を作るというのは、能舞台の柱とはわけが違っています。何と、電信柱を作る時の資材を使ったんですよ。電信柱をどうやって作るかなんて普段考えませんよね。ところが、そのための資材があるわけで、それを四本買ってきまして、色を塗って舞台に立てたのです。上部にそれらしい鴨居のような棒を渡して、お堂の中のように作りまして、ワイヤーで上から吊るしました。その中で、自然居士の説法の場面を演ったというわけです。そこへ、使いが来て、「子どもが連れていかれました」と言う。自然居士は「今日の説法これまでなり」と言って、近江の渡しまで飛んでいく場面があるのです。そこで囃子が鳴ってパーッと盛り上がる時に、ワイヤーで吊るしていた柱をパーッと上に引き上げてしまう、という演出をいたしました。近江の場への場面転換というわけです。そこにワキが出てきて、人買いの子どもたちがこっちへ出てくる。そういう演出をしたわけです。

観阿弥の時代のお能も、きっとこういうダイナミックな演出が行われていたのかもしれません。橋掛りと切戸口しか出口がないという今の能舞台とは違っていますから、すぐに横から船を持った脇の役者が出てくるようなことも出来たはずです。ですから、色々なことをやっていたと思うのです。こんな風に、お能がものすごく自由で楽しい時代があったんじゃないかといったことを感じられる舞台を、近鉄劇場などで「自然居士」「安達原《あだちがはら》」、その他にもいくつかさせていただきました。

新しい場で演ることによってかえって原点に気づくということは、大きな発見でした。

父世代の追体験から

さらに、上の世代がやっていたことを、実際に自分たちでもやってみたいという思いもありました。私たちの場合は、寿夫、榮夫、静夫、そして父たちの追体験を、もう一度、二十代で取り組んでおきたかったというのが、原動力としてすごく大きかったと思います。

父たちのカバン持ちで働いているだけの時でしたが、逆に稽古をつけてくださいとお願いしつつ、どんどん実行していきました。その後、榮夫先生や寿夫先生が作った「智恵子抄」の舞囃子、芥川龍之介の「相聞歌《そうもんか》」をもとに作った短編の能の舞のような「相聞」なども演ってみたりしながら、学ぶことが多かったですね。なるほど、こういう現代の言葉にこういうふうに節付けがされて作られていくと、能が豊かに面白く、違う面が広がるな、などと追体験していくことで、自分たちもそのような経験を活かせるようにならないかと、考えたのです。

そういうわけで、私たちの世代に「オリジナル」というものは非常に少ないんです。逆に言うと、寿夫先生、榮夫先生の時代がやりたいことをやっちゃったという感じですね（笑）。とにかく、戦前、戦中、戦後と抑圧されていたと言いながら、しっかり稽古はやっていて、戦争で死をくぐりぬけたから怖いものはないと言いながら、一番むちゃくちゃにやりたいことをして、その子どもの私たちの世

「伽羅沙」 シテ：梅若六郎（二世玄祥）（写真：前島写真館）

代は絶えず兵隊みたいな形でおりました。

「もうなんでこんなことせなあかんのかな」という気持ちになったこともあります。それに共感してなのか、「やるんやったら一緒にやろう」と言ってずっと一緒にやってくださっていたのが同時代の仲間で、大切に思っています。

今でも、この時期に出来た能楽師を含めたネットワークは財産であり、ありがたく思っています。

それと、梅若玄祥先生は私より八つ上なのですが、団塊の世代では別格といえます。若い頃から群を抜いておられましたし、それに、上に家元や寿夫先生のような世代の方がいらっしゃるので、「自分のオリジナルは何か」ということをすごく考えておられました。そして、「空海」「伽羅沙《ガラシャ》」「安倍晴明」「紅天女《くれないてんにょ》」「ネキア」と、新作能、現代能で私もご一緒させていただくようになりました。玄祥先生は梅若家の英才教育を受けられた方で、経験値の高さ深さが恐ろしくある方だと思います。今は近寄り難い入道のようですが、若い頃の印象は、謡のうまい本当にカッコイイお兄さんでした。

アート間の融合を

大阪のあべの近鉄の九階に「近鉄アート館」がオープンし、ここでの催しを一九八九年から十年ほどさせていただきました。名前がアート館ですから、現代に伝わっている日本のアートが縦割りになってしまっているのはよくないと、「アート間の融合」をテーマに十年間に亘って製作させていただきました。

歌舞伎は歌舞伎、文楽は文楽、能は能というように、また、お茶はお茶、お花はお花といったように、横の繋がりが薄らぎ、今以上に縦割り文化になった時代があったように思います。交流をする人たちもいましたが、それはほんの一部の方だったように思います。榮夫先生とお花の草月流など、非常に濃厚な交流をされていた方もあるのですが、私たちの世代は横の関係がすっかり切れてしまっているように思えてなりませんでした。個別にはたくさん知り合いもいたのですが、同じ土俵がなかったのだと思います。

そこで、アート館の企画の松原プロデューサーなどとも話をしまして、ぜひそれを繋げるような公演が出来ないかという話になりました。

亡くなられた茶道裏千家の伊住政和氏が「茶美会《さびえ》シアター」という、劇場でお茶会を催されたりしていました。そこで私たちも最初は能の「大会《だいえ》」を出す時に、京都のお香の老舗である松栄堂さんにお願いして、会場にお香を焚いていただい

「半蔀（立花供養）」　シテ：観世暁夫　立花：池坊由紀
（写真提供：セクター88）

たりなどということをし始めました。それぞれの伝統芸能の中でも、何かそういう繋がりがあるといいなという思いがありましたね。

金剛永謹《ひさのり》氏のご紹介で、今は解散しましたが「21世紀文化会議」に入れていただき、経済人と文化人の交流の場がちょうどその頃に出来たのも大変幸運でした。

また、華道の池坊由紀（四代専好）氏もその頃から伊住さんたちと様々な活動をしておられました。そんな折、アート館でぜひ一緒に何か出来ませんかと持ちかけ、伝統とアートの融合がスタートしました。「半蔀《はじ（し）とみ》」の能というのは、「立花《りっか》供養」といって、観世流と池坊さんの申し合わせでのご縁があるのですね。観世暁夫氏のシテ、池坊由紀氏の立花で、近鉄アート館にふさわしい、能と花がコラボした催しが出来ました。

由紀さんはその後、生田コレクションの演能の時にもお花を活けに来てくださいました。展覧会の会場は、池坊むろまち美術館というところで、同時に五百年前の鼓を使って観世会館で能「天鼓《てんこ》」を演りました。

もう一つ、私の中で印象深かったことは、ちょうど茶美会シアターでお茶会をされている時に能を演っていたので、「次は何かジョイントしてやりましょうね」と言っていた伊住さんが亡くなってしまったことです。これは非常に残念でした。しかし、その頃、たまたま茶道裏千家淡交会

雅楽と能楽　近鉄アート館（写真：瀬野雅樹）

の青年部が、滋賀県の会館で催しをされていまして、そこへ出演をさせていただいたことがありました。これは企画の段階から関わらせていただいたもので、「一器三様」をテーマにしました。

一つの器で三つの様に見せて楽しむということが、日本料理の世界にあります。そこで、膳所《ぜぜ》のホールを一つの器と見立てまして、一器三様でやろうじゃないかという話になりました。お茶会は立礼《りゅうれい》で、お客さんが入ってきたらまず野点の雰囲気でお茶を楽しんでいただいて席に着く。その後、お茶のお席を少しずらしまして、その同じ場所で能のお囃子のコンサートをやるというふうに。最後に大徳寺のお坊さんたちを交えて対談もしました。お茶と能とお坊さんの代表者が話しまして、日本文化の融合をもう一度考えないとね、という話で盛り上がりました。

また、能楽と雅楽の関係をご覧いただく公演もいたしました。大阪には四天王寺雅楽の流れをくむ雅亮会《がりょうかい》が、小野真龍氏の指導の下、その千五百年におよぶ歴史を伝えておられます。近鉄アート館では、能楽「雷《らい》電《でん》」と「国栖」の前に、雅亮会による管弦「陪臚《ばいろ》」を演奏していただきました。

古典のジレンマ

ツクスマの活動として、心に残っていることがあります。

未生流中山文甫会の中山高昌さんに、花を活けてもらって新作能を作ったことがありました。「春窮《きわ》まりて」というタイトルなのですが、これは、ツクスマがそろそろ解散かなという時に作った、メモリアルの曲です。

お能が出来るには、事件が起こってそれが伝説化しますね。ある方がそれを戯曲として書いて、能という舞台芸術の台本になって作品化されるわけです。その時に舞を舞うのなら「序之舞」がよいだろうかとか、「中之舞《ちゅう》」がよいだろうかとか、中国のものだったら「楽《がく》」という舞曲だねとか、神様が乗り移るんだったら「神楽」だねとか、曲に舞を挿入する形が基本なわけです。

それに対して、能楽の舞踊曲で「獅子」など、酔っ払って猩々《しょうじょう》が舞う「乱《みだれ》」とか、鷺《さぎ》の鳥が飛んで遊ぶ「鷺乱」などは、先行芸能の中にそれらの楽曲がまずあって、能の物語が創造されていったのではということが類推されています。

今の新作で作られている能は、ほとんどがある事件や人物をもとに劇作されています。「伽羅沙」も「花供養」もそうです。

そこで、「囃子方が能を作る」というのは、どういうことなのだろうかと考えました。それで、ツクスマというのは囃子方のグループだから、囃子方のオリジナ

あらゆる管楽器を縦横無尽に吹き分ける能楽笛方の一噌幸弘氏

ルの楽曲をまず創作して能を作ろうじゃないかという企画が持ち上がりました。そして、「構成曲Ⅰ」という音楽、囃子のみの作品を作りました。

この時に思い出されるのは、一噌幸弘氏のことです。彼は現代の笛吹き童子といってよいと思うのですが、とにかく、どんどん新しい曲を作るわけです。ものすごい苦労して十二拍子の「三番叟」とかね。もう彼の頭の中はどうなっているんだろうかと思うんですけれどもね。新しい楽曲を作っては発表していた時期があります。そこである時、コンサートホールで現行の古典的な「三番叟」と、彼の作ったむちゃくちゃ難しい十二拍子の「三番叟」（常は八拍子）を並べて演奏しました。そして「どちらが古典で、どちらが新作だと思いますか」というアンケートをとりました。すると、答えが真っ二つに分かれたのです。ということは、笛、小鼓、大鼓、太鼓という四人編成で演奏している限りは、新作を作っても新しいと思われないということがわかったんです。つまり、どうやっても古典に聞こえてしまうということなのです。

むちゃくちゃ新しいことをしても、古典に聞こえてしまう。そういうジレンマを私たちは感じてしまったわけです。しかし、逆にいえば、どんな古典でも、自分たちがフレッシュにやれば、絶えず新しく聴こえるということでもあります。

色々な音楽を聴いた上で、古典の楽器編成で新しく構成して作られた曲だから、新作はおこがましいので「構成曲Ⅰ」としました。

囃子方ならではの新作能を

能の笛は、音符の代わりに唱歌《しょうが》という笛の譜を擬音の歌にして歌う唱え方があります。また、雅楽の「越《え》天楽《てんらく》」からメロディを抜き出して謡の楽譜に当たる節付けに作り直した曲があるのですが、それらの手法をとって、あるヨーロッパの歌い手さんの歌のメロディラインを唱歌に置き換え、藤田六郎兵衛氏に笛で吹き直してもらうということをいたしました。

大筋のメロディが固まり、さらに常は八拍子の能の音楽が四拍子、二拍子、そして十六拍子にもカウント出来る呼吸の緩急をつけることによって、能楽師にしか演奏出来ない楽曲が誕生しました。

たとえば、お酒の妖精が酔っ払って舞う、「猩々」の専用曲「乱」では一くさりの八拍子のうちで、大きな波の打ち寄せるような序破急をつけますが、「構成曲」ではその半分の四拍子で序破急をうんとつけて、八拍子のリズム感とは違う構成の楽曲を一段落作りました。それをベースとして、甲《かん》高い調子の一段落と、低い調子の一段落を構成して、能の専門用語でいう、「地」と「甲」と「呂」の三つのブロックを作って一曲として完成させました。そして、デモテープを詩人で劇作家でもある堂本正樹氏に聴いていてもらい、一編の詩を書いていただいたのです。

その詩が「春窮まりて」です。そして、その詩に、大槻文藏先生が節をつけ、さ

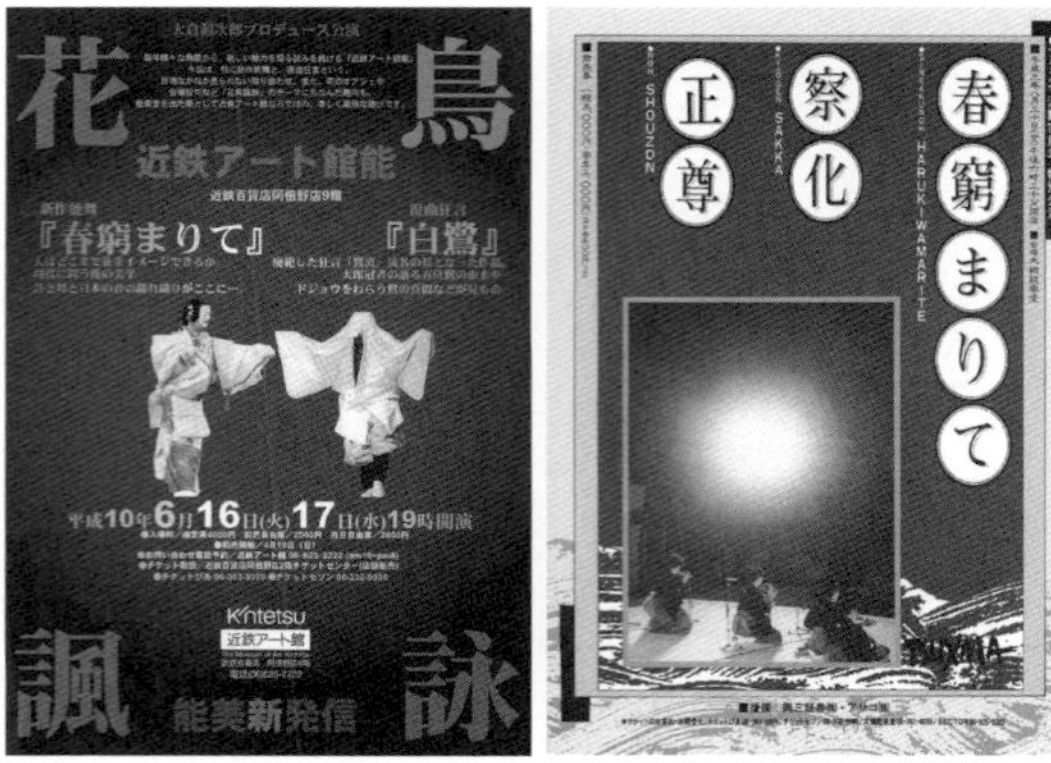

「春窮まりて」公演チラシ

らに舞の型を作ってもらいました。楽曲から創作する手順の新作能を実際にやってみて、出来たのが「春窮まりて」という短編の「立体音楽詩」の世界でした。この作品を、一九八一年から始まったツクスマの十年の活動の最終公演として、能楽堂で初演いたしました。そして、ツクスマは解散したのです。

なお、ツクスマ時代に海外での活動もありました。これは、兄が企画し、米国で数回とパリで公演を行いました。ツクスマの活動で大切にしたかったのは、だらだら続けるのではなく、何か区切りをつけてやっていこうぜ！という意識だったと思います。私がほうっておいたら時間を気にしないでズルズルと話をしてしまうような性格なので、三回なら三回、五回なら五回を一区切りとして、よくても悪くても何か結果を出してしまって終わろうと考えました。それが次のステップにいくために必要なことなのだと思います。このことは、オレンジ能の最終回の夜に、肝に命じました。一旦リセットしないと、積み重ねがちゃんと出来ないのではないかなと思っております。劇場能への取り組みについてお話してきましたが、ある時、劇場能や薪能にはお客様が来てくださるのに、能楽堂が何処にあるかもご存知のない方が多いことに大変なショックを受けました。

能楽堂の素晴らしさを一番知っている私たちが、世界中の人に能楽堂の素晴らしさをあらゆる手立てを使い、発信する時が来たと思いました。日本を訪れる海外の方々にも、改めて能楽堂とその文化的背景をしっかりと伝えたいと考えます。

私にとっての能

能楽と吉野山

金峯山寺長臈
田中利典《りてん》

能楽の世界など全くの門外漢な私が縁を得たのは、平成十二年の役行者一三〇〇年大遠忌記念に吉野山金峯山寺の本堂蔵王堂内にて、「谷行」の奉納舞台を催行したのがはじまりだった。吉野山での本格的なお能の上演は明治初年の神仏分離による金峯山寺の一時廃寺以来、百数十年ぶりの快挙となった。

ご縁は更に広がる。吉野の隣町、大淀町で中世期に存在した「檜垣本座」の復興活動にも関わりを得たのがきっかけで、今では蔵王堂秘仏ご開帳前夜祭として、復興した「ちびっこ桧垣本座」の子どもたちや能楽師の先生方をお招きする奉納の舞台を、毎年春に開催している。悠久の歴史と花の吉野にふさわしい、能楽との再縁に深く感謝するものである。

呪詛完了

談山神社宮司 長岡千尋

足利義教とくじ引きで将軍職を争い、敗者となった弟の大覚寺義昭は、大和越智氏と結び多武峰・吉野の衆徒を集め、南朝の残党を味方に付け、ここ多武峰に立てこもった。…永享十年（一四三八）八月、幕府の主力軍が多武峰に攻め上り、全山を焼き払った。九月になり南朝方の遺臣や主な衆徒は討ち死にして、ついに大織冠の御霊体は飛鳥の橘寺へ避難する。ここから宗教家の戦争がはじまった。「呪詛」である。…義教の支援を受けて、観世座の主導権は、世阿弥親子から甥の音阿弥へ移ることになる。ここから義教のおそろしい運命が待ち受けていた。―三年後の嘉吉元年（一四四一）六月、義教は赤松満祐の自邸で暗殺される。そこには饗応で「鵜羽」を舞う音阿弥がいた。―八月、御霊体はもとの多武峰に還御され、呪詛完了のお祝いの祭りがおこなわれた。それがいまも連綿と続けられている、秋の「嘉吉祭《かきつさい》」（奈良県指定民俗文化財）である。

第四章

旅する能

風の能「翁」　梅若玄祥（写真：新宮夕海）

この章では、各地での演能の経験から、その土地ゆかりの演目を紹介しながら、能楽が私たちに伝えてきたものについて、考えてみようと思います。

これまでも述べてきましたように、能はその土地の記憶を色濃く吸い上げて、物語として現代まで伝えてきました。全国各地の地域の文化を、能が一つの形にして、伝えるという役割を担ってきたということなのだと思います。

例としていくつか取り上げながら、実地で感じてきたことを中心に述べていきたいと思います。また、詳しい演目の説明については、多くの素晴らしい本が出版されていますので、そちらをあわせてご覧いただきましたら幸いです。

メディアとしての能

能は全国に情報を伝えた

能楽は、全国各地で毎日のように上演されています。おかげさまで、私も四十七都道府県、全て回らせていただきました。

奈良で能が生まれたということ。それは、奈良の国造りの歴史を全国に伝えるということでもありました。また、もう一つの重要な役割として、全国の物語を、逆に奈良に伝えるということがあったと思います。このような両方の役目を、能という芸能は担っていたといえると思います。それはまるで、今のテレビや映画と同じ役割なのだと思います。

情報化社会になり、メディアとして「人間」が伝えていくということについての意味が問われなくなってしまっているように感じます。人間と情報について、芸能を通して、もう一度、リアルに感じていただけたらと思っております。

「奈良の、いわゆる国造りの物語を全国に伝える」ということは、かつては重要な役割でした。時代でいえば十二、三世紀のことで、全国に春日神社や八幡神社が建立される時期と重なっています。このことは、何を意味しているのでしょうか。

水田稲作が伝わってきて、河川の護岸工事が出来るようになり、平野部に水田を作るために干拓するようになりました。この水田をちゃんと平野部に作ることの出来る時代が、能楽が広がる時期と重なっていくというのが面白いと思います。

石垣島の復元鼓胴　桜蒔絵

実際に、翁面が御神体として祀られている神社は数多くあります。それが、「面掛式」として演じられるのは、地元に伝えられた神事であり、翁芸能者の役目でした。また、他の面（翁以外の面）を使って演じるのは、プロの芸能者の役目だったのではと思います。

なお、能舞台の正面の板（鏡板《かがみいた》）に描かれている老松の絵は、奈良・春日大社の一之鳥居をくぐったところの参道右手にあるクロマツ（「影向《ようごう》の松」）がルーツとされています。鏡に映った松なので「鏡の松」とも呼ばれ、全国の春日神社に残る古い能舞台は、すべからくその形式になっています。古い能舞台といえば、一八六一年（文久元年）建立の兵庫県篠山市黒岡の春日神社のものが有名で、現在も公演が行われています。ちなみに、新潟県佐渡市には三十棟ほどの能舞台が現存します。なかでも相川にある春日神社は「佐渡における能の発祥地」として知られていますが、当初の舞台は明治期に台風で飛ばされて現存せず、二〇〇六年に島内の羽茂地区より移設された舞台があります。

鼓胴に関しては、山形県鶴岡市黒川の春日神社には檜垣本座（今の奈良県吉野郡大淀町）の檜垣本与五郎（＝美濃権守）の鼓胴が残っています（82頁参照）。また、石垣島には春日神社こそありませんが、吉野の桜が描かれた蒔絵の胴が残っていたことからも大和の影響を感じさせられました。

旅する能の役割

徳川家康が発案した文化政策として有名なのは、参勤交代と能楽を式楽に制定したことだということは、第一章でお話させていただきました。

江戸前期までに能楽が津軽から薩摩、八重山にまで広まり、子弟の教材として活用されたために、「謡曲十徳」（47頁参照）にもあるように、人々に教えることや、「教わる」ということの大切さ、礼儀などが、老若男女を問わず広まり、さらには大名自らが様々な役を演じたことによって、民衆の心がわかる権力者が数多く生まれました。このように能楽の果たした役割は計り知れず、哲学、宗教、それを支える民族を和合させる役をも果たしました。

これまでに創作された能楽の演目は三千曲ともいわれており、大和より日本の国造りの労苦、素晴らしい人々の物語を全国各地に伝える役目と共に、全国各地の物語を都に伝えるという両方の役目を果たし、今日では海外の物語なども制作され、世阿弥の「能の本を書くこと、この道の命なり」の言葉のとおり、新作能が創作され続けています。

このように、能楽そのものが日本を、いやアジアから世界を旅し続けた芸能なのです。これからさらに、視野が広がり、世界中の民族の物語が様々な教えで人々を救っていくことが出来るとするならば、それが能楽の次の旅先なのかもしれません。

大和から京へ

大和を京に繋ぐ物語～賀茂

「旅する能」について、演目の中で考えてみましょう。

「賀茂」という能があります。南北朝の一三〇〇年代、一四〇〇年代は、京都と奈良が張り合っていた時代です。ちょうど今の京都と東京を思い浮かべていただいたらよいと思います。明治維新で天皇が東京へ行ってしまわれました。それから百年以上が経ち、そろそろ京都に帰って来られるだろうと、京都の方々は待っているわけですよね。これと同じ状態が、奈良でも起こっていたのです。

七一〇年に南都平城京が建ちましたが、七九四年（延暦十三年）に平安遷都がなされ、以後京都がよいと住まわれてしまうわけです。一一六八年（仁安三年）、平清盛は神戸の福原に移ったりしますが、また京都に戻られてしまう。そういった騒乱や代替わりのたびに、奈良に早く戻って来い～と、帰れエールを送っていたのが、南北朝の騒乱に結びついているのです。そのような中で、奈良で作られた先行芸能が、京都でも上演しないといけなくなるわけで、能楽としての創作年代がちょうど、一三〇〇年から一四〇〇年代、観阿弥・世阿弥たちが活躍する時代と重なるのです。

まず、能の「賀茂」について考えるにあたり、今の下鴨（賀茂御祖《みおや》）、上賀茂（賀茂別雷《わけいかづち》）神社、そして天皇の御所の位置関係を思い浮かべていただいたらいいと思います。「賀茂」の能は、前場は女の神様が二人現れて土地の物語を語り、後場は雷様が出てきて祝福するという物語です。その時に語られる物語が大切です。秦《はだの》氏女《うじにょ》という女性が瀬見の小川で水汲みをしていると丹《に》塗《ぬ》りの矢が流れて来て、それを軒に刺したら子どもが生まれました。子どものことは男とも女とも言っていません。これと同じ神話が、桜井市にある大神《おおみわ》神社近辺に残っています。大神神社を思い浮かべていただいたらよいのですが、そこにはやはり川が流れていて、橿《かし》原《はら》神宮に行く途中に「雷《いかつち》」という地名があり、さらに「石川」という池があります。池なのに「石川池」といい、「剣池」ともいっていました。とにかく、剣、雷、石川……、これどこかで聞いたことありますよね。そう、京都の賀茂神社と同じキーワードが全部入っているわけです。「賀茂」の能の中にも、「石川や瀬見の小川の清ければ」という謡の文句が入っています。その地名が大和にそっくり残っているわけです。そこで、秦族の娘とオオモノヌシもしくはオオナムチとかいわれていますが、土地の男神さんとの間に生まれた子どもに娘さんがいるわけです。その娘さんが御祖の神になったといわれています。その方は誰と結婚したかというと、九州から大和を制圧して出てきた神武天皇（カムヤマトイワレビコ）です。要するに、九州から東征して大和へ入ってきて、大神神社のすぐ南側にある磐余という土地にやってきます。本当は九州に奥さんがいたのに、こちら側で新しい土地の娘さんを奥さんにもらって神武天皇に即位しました。そういう伝説が、『古事記』に書かれています。娘さんのほうは、初の皇后で国母ですから、「御祖」の神に繋がっていくわけです。そういう、大和の伝説で天皇家が生まれていきますよ、それでこの天皇家が大和を統治していきましたよという、最初の物語が、伝説としてあるわけです。それを京都でも忘れないように演り続ける、反対に京都に遷《うつ》った人は奈良のことは一旦捨ててきたのですから、大和のことは消し去って京都で新しく国を作るから、もう奈良のことは消したいわけです。しかし、作者は何とかしてそこに本当の物語を残したい、書き込みたいということで、固有名詞を替えて、京都の物語に置き換えて、その原型の物語を残しているわけです。この話を下鴨神社のシンポジウムで、宮司の新木直人様の前でさせていただいたわけですが、「これが本当のカモフラージュ！」と言ったら、皆さんにすごくウケてくださいました。

　つまり、奈良の物語を、奈良を捨てた京都で上演し続けるためには、そういう、カモフラージュが必要だったわけです。南北朝動乱の中で、北朝方でこれを上演し続けて、しかし大和の物語をやり続けたい。これは大和出身の能楽師たちの思いだったのだろうと、解釈することが出来るのではないでしょうか。

　この話、現代の方々には実感がないと思いますが、当時の方々にとってはどうだったでしょうか。もっとリアルに感じていたのでしょうか。そのように思いたいですが、そうではないかもしれません。京都で生まれて、鴨社と御所のある環境で育っていると、奈良のことはもう忘れていたかもしれませんね。今の東京の人たちが、京都や奈良をもう意識しないのと一緒だと思います。ですから、これは現代に置き換えていただくと非常にリアルにわかるのではないかと思います。政治経済界でも、東京で世界を相手に頑張っていると、もう古いところなんか関係ないと思うのでしょう。私たちは世界を相手に最先端だといって、やっていくしかないのです。

能の曲目一つをとっても、歴史や宗教を知らなければ、その本質を解くことは出来ません。大和から京、江戸に至るまでを大雑把に見るだけでも、アニミズムから仏教伝来、権現思想の誕生、南都仏教から京都仏教、それに対応するようにして、豊国大明神、すなわち吉田神道、また徳川家康の東照大権現に至ります。この他にも、キリスト教や儒教の影響も織り込まれながら、芸能も様々に展開してまいりました。このような芸能宗教史、宗教哲学の展開をふまえて能楽を読み解くと、大変面白い発見が出来ると思います。

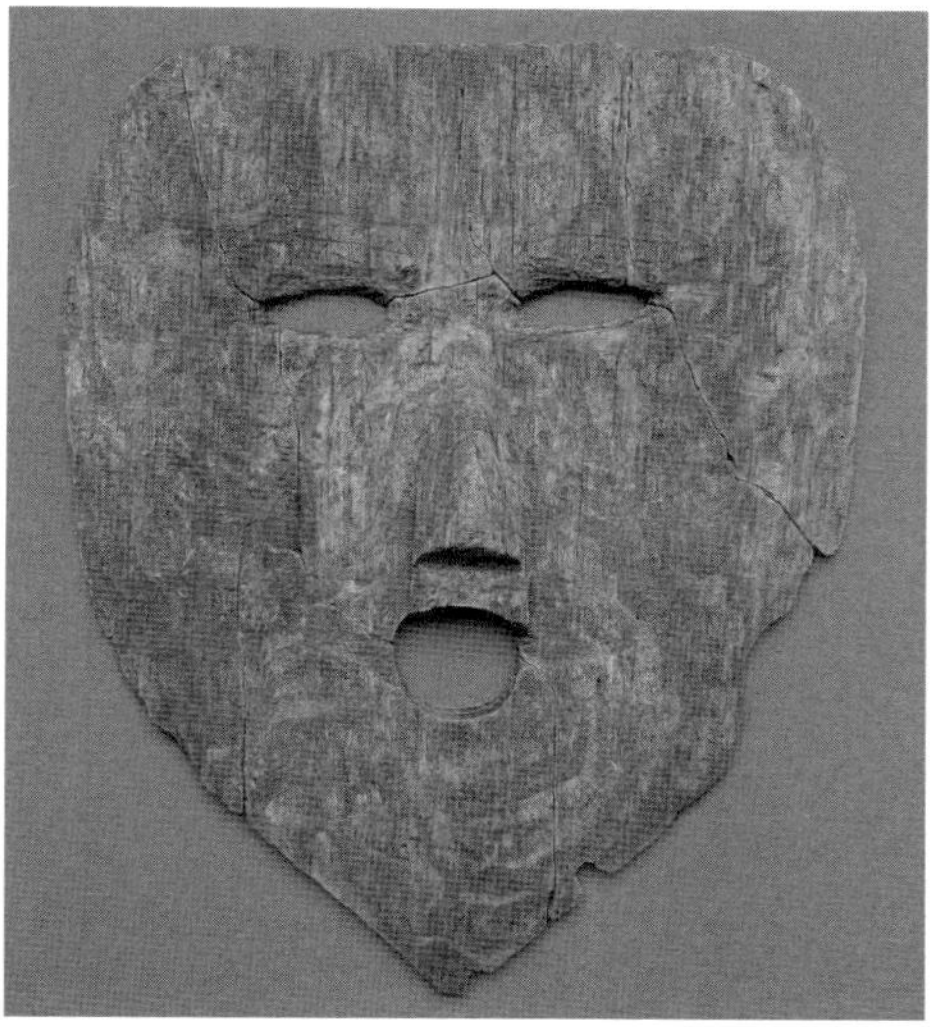

纒向遺跡出土　木製仮面　桜井市教育委員会蔵

能の物語が証明され始めた～三輪

「三輪」の能の中に「思へば伊勢と三輪の神、一体分身」という、一つの神さんを分けたような言い方が唐突に出てきます。若い頃、先輩に尋ねても「よくわからん、そういうことを昔は言ってたんだろう」みたいな返事しかありませんでした。

ところが、近年、桜井市の纒向《まきむく》遺跡の発掘調査が行われ、そこには何と、三世紀の遺跡の中から、出雲大社造の社と、伊勢神明造《しんめいづくり》の社の遺構、遺跡が出てきたんです。三輪の神様は出雲族ですが、伊勢の神様と三輪の神様が同じように仲よく祀られていたということが、三世紀の遺跡から出てきてしまったのです。驚いたことは、能の中にそういう文句が残っているということです。実際に、大神神社の近辺には「元伊勢」「出雲」という地名が残っています。

なお、遺跡からは、鋤鍬《すきくわ》型の木製仮面が出土し、話題になりました。完全な形の仮面としては最古のもので、カミを表現し、農耕祭祀に使われたと考えられています。

能には人々のリアルな心がパッケージされている～土蜘蛛

第三章でもお話しましたが、『古事記』はそれまでの時代の話を七一〇年（和銅三年）にまとめたものです。つまり、非常に新しいわけです。最近の研究によれば、いくつかの王朝の話を繋げて書いたのだろうと言われています。

すさまじい戦いの跡が、大阪を発掘すると出てくるそうです。それから大和では、葛城王朝とまた戦うわけですよね。その様子が「土蜘蛛《つちぐも》」の能には残っています（125頁写真参照）。葛城山脈には三世紀くらいに入ってきた高麗《こま》族の人たちが大勢住んでいます。その人たちの祀っていた神社が、笛吹神社です。

二〇一六年に石垣島の人たちをお連れして初めてお詣りに行った時にわかったことですが、笛吹神社というのは葛城山系の一言主《ひとことぬし》神社のそばにあって、高麗族の古墳のところにお祀りしてある神様なんですね。アメノカグヤマノミコトとは、アマテラスオオミカミが天岩戸に隠れた時に音楽を奏した人たちのグループです。そこで踊りを踊ったのがアメノウズメノミコトです。ということは、音楽を奏でた人たちが、高麗族として笛吹神社に祀られているということなのです。この人たちが音楽に優れていて、また王家に対して御饌《みけ》の職人であったと伝わっていました。宴会と音楽というのは、互いにつきものですからね。

ところで、本殿の傍らに棺槨を完備した円形墳があります。また、神域である神山一帯には約八十基の古墳が分布しており、数基の前方後円墳以外は円墳で、小規模な横穴式石室を中心とした古墳群のようです。おそらく、この一帯は葛城王朝の一部だったんでしょう。

さて、大和朝廷は、「土蜘蛛」の能に描かれているように、各地を征服していきます。「土蜘蛛」の能の主役は「蜘蛛族」です。つまり、虫たちなのです。当時、権力者側から言いますと、自分たちにまつろわない、つまり、言うこと聞かない人たちのことですが、人だと思うと殺せないでしょう？　ですから、虫とか犬や動物の名前をつけて、退治しないといけないのだといって、退治しに行くんです。そうすると兵隊も「あいつらは虫だから退治しないといけないんだ」と自分に言い聞かせて殺しに行けるんです。これは、心理的に悪いことをしていると感じるのを避けるためですよね。テロリストは悪いから退治せなあかんと言ってやるわけでしょう。しかし、あの人たちにも子どもや家族がいて普通に人間であり、そうなった背景を知らないといけないのですけれども。

話は戻って、虫けらと同じ扱いの土蜘蛛の先住民たちは、ロクな武器を持たず、鉄剣、剣などの兵器はありません。そのため、王朝に対して、これはよくなる薬ですよといって、能の「土蜘蛛」では「胡蝶《こちょう》」という女の子が薬を届けるのですが、これは実は毒薬ではないかなどとも言われています。胡蝶という名前からして、虫族のお仲間ではないかという解釈もあります。

能の後半で、源頼光の一行がいよいよ土蜘蛛退治に行きますと、蜘蛛が最後の抵抗をします。武器を持ってないわけですから網をかけたり、蜘蛛の巣を撒《ま》いたりしたのでしょう。しかし、頼光一行はそれらをズタズタ切ってどんどん進んで、攻め入ったんだと思います。現代でも、突如、ピストルや刀を持ってる人がバーッと暴れ込んできたら、皆さんなすすべもなく、虫けらのように逃げ惑いますよね。そういった時の恐怖が「土蜘蛛」のキリ（終曲部の四分程の部分）の謡の文句には入っているのです。

「かの土蜘蛛を中に取り込め、大勢乱れかかりければ、剣の光に少し恐るる気色をたよりに、斬り伏せ斬り伏せ、土蜘蛛の首打ち落とし」という文句です。まさしく、剣を持った人がバーッとなだれ込んできたら、皆オーッて恐ろしく思いますよね。その恐怖心がパッケージされて「土蜘蛛」のキリには描かれています。つまり、負けた人のそういう気持ちみたいなものをちゃんと書き込んで能が作られている、というわけなのです。

当時は、人間というのは労働力として重要ですから、トップの首をとったら、あとは人として手厚く保護をします。重機も何もありませんから懐柔《かいじゅう》して取り込んで、労働力として活用しないといけないんです。今でいえば、同化政策です。どんどん同化して、人として扱って、逆に民族同化していくという政策を取って戦争をやめようとしたわけですからね。

そういう、葛城王朝の悲劇の物語が描かれているのが「土蜘蛛」なのだと思います。葛城の大王というのは、「采女《うねめ》」の能の中にも出てきます。葛城の大王の側近の采女が大王の心を和らげたという話です。

葛城の大王たちは大和朝廷に取り入れられていく時に、名前を与えられています。それが「橘」さんです。橘氏の先祖をたどっていきますと、七〇八年（和銅元年）に、葛城氏の県犬養《あがたのいぬかい》三千代に与えられた名前だというのです。合点がいくのは、橘諸兄《たちばなのもろえ》は、秦氏と深い関係があったといわれていることです。また、葛城山の近くには吉祥草寺というところがあって、役行者が生まれたとされる場所です。

その他にも、六世紀、五三〇年に継体天皇が入ってきて、玉穂《たまほ》の宮を建てたことが描かれる「花筐《はながたみ》」の能や、奈良を舞台にした「国栖」「葛城」「代主《しろぬし》」など、古層の奈良と大和の国造りのエピソードがパッケージされた能がたくさん残されています。

日食とまつりごとの記憶〜絵馬

「絵馬」という能のお話をしましょう。これは、アマテラスオオミカミが天岩戸《あめのいわと》隠れをしたところを模した場面を見せるお能です（126頁写真参照）。

ここでは日食がキーワードとなってきます。九州地方では二四八年のちょうど卑弥呼が没する頃、また、そのあと六二八年（推古三十六年）にも大和地方を日食が襲っています。

暦を正確に知ることが出来た人たちは、日食を予測出来るわけですね。そうすると、これから起こる日食をもとに、いわゆる一大ショーを企てて、太陽を自分の意のままに動かしているというような、自分たちの優れているところを見せつけて、暦を持たない人たちを手なづけることが出来ます。

日食というのは、私たちはもうすでに学校で習っていますし、映像などでも見たことがあるでしょうから、ご存知と思いますが、もし何の前知識もなく日食が起こったと考えると、とても怖いですよね。

数年前に奄美大島での皆既日食の実況中継を見ました。現地の方の話によれば、暗くなると気温がブワッーと下がるのだそうです。太陽が強くあたっている日ですとなおさらなのだそうです。気温がグーッと下がると風がものすごい勢いで吹いて、やはりちょっと恐ろしいとのことでした。そういうことをリアルに、当時の大和の人たちが体験したとすると、祈ってこうしなさい、宴会して賑やかにしなさいとか言って、言う通りにさせたら、本当にまた太陽が現れたりして、驚きますよね。

実は、大神神社の春の大神祭は、四月九日に行われるのです。六二八年に大和地方を襲った日食は四月十日なのです。どう思います？　ちょっと、ひょっとしたら？　と思わせますよね。なぜ私が四月九日が大祭だということを知っているのかというと、大神祭の「後宴の能」（109頁参照）ということで、毎年四月十日に大神神社に奉納に伺っているからです。

このように、あちこち現地に伺って奉納をさせていただいているおかげで、何かしら情報が集まってきて、断片的だった情報が、ある時ふと繋がっていくのです。決して、わざわざ調べているわけではないのですが、本当に不思議なことだと思っています（実際に四月九日に卯の日の神事として定まったのは、明治九年以降とのことです）。

歴史の謎にせまる能

神紋にこめられた謎~善光寺

大化の改新は六四五年です。その前年が、信州長野の善光寺の開基の年ということを、皆さんご存知でしょうか。

善光寺の紋は、三つ葉の立葵《たちあおい》です。二葉の葵と一葉の葵が、並んでいます。京都の方はピンときますよね。京都の賀茂神社と、神仏の違いはありますが、同じ葵の御紋なのです。

聖徳太子を描いたとされる有名な絵を見ていただいたらわかりますが、その傍らに二人の皇子が描かれています。そのうちの一人、山背大兄王《やましろのおおえのおう》は殺されたとはっきりと知られているのですが、もう一人の殖栗皇子《えくりのみこ》はどうなったということは知られていません。その行方を知る手がかりとして、興味深いお話を伺いました。

善光寺の縁起に、六世紀、崇仏・廃仏論争の時に、阿弥陀仏を池にほる（捨てる）ことが記されているそうです。実際、大阪に「堀江」「阿弥陀池」という地名が残っています。そして、捨てられた後、池に沈められた阿弥陀仏を本田善光（秦善光）という夫婦がとりあげて、逃げていった先が善光寺だというのです。公には、仏様だけを連れて行ったことになっていますが、実は聖徳太子の双子の皇子の一人を匿《かくま》って一緒に連れて行ったかも知れないという想像力を掻き立てられるお話を伺いました。

善光寺の紋

つまり、信州の山里に聖徳太子の皇子を匿って住まわせて、聖徳太子の菩提を弔うためのお堂を建て、そこの仏様として安置したのが、池から拾い上げられた阿弥陀仏で、その阿弥陀仏と皇子を助けた夫婦が秦善光夫妻だということになりますでしょうか。

この話を象徴しているのが、一つと二つに分けられた、立葵の三つ葉葵の紋かもしれないと思うのです。その夫婦と仏様、もしくは皇子を指しているのかも知れません。ちなみに、徳川家の諸代・本多家は「本多葵」と称した三つ葉葵を定紋にしています。

各地の記憶が次々と繋がる〜善光寺と談山神社

善光寺には南都《なんと》仏教、京都仏教以前の古い仏教の形式が残っているそうです。祭礼も朝拝の儀式、つまり朝廷を拝する儀式が残っていて、その朝拝の儀式の形式は、百済のほうの儀式をモデルにしたもので、それが残されているんじゃないかとも言われています。また、善光寺独特の祭礼も残っているらしいです。そのような話を夜な夜な延々と伺ったことがありました。

その後、第一章でお話ししたような「談山能」が始まるわけです。談山神社に行きましたら、その禰宜《ねぎ》さんがまた一所懸命に色々なことを話してくださるのです。それが大化の改新の裏事情のようなお話で、神道と仏教の色々な確執があったんだろうと想像するわけです。もともと日本には神道があったわけですが、そこに仏教が伝来した時に、蘇我馬子が「私のところでお祀りしてみましょう」と仏様をお祀りするわけですね。物部氏など皆が反対するわけですけれども、蘇我馬子はお祀りしたわけです。すると、疫病か何かが流行るんです。それで一旦また神道勢力が勝つことになるのです。しかし、今度は聖徳太子の時代になって、聖徳太子が四天王にお祈りして、勝たせてくれたら祀ってあげるからといって戦ったら、勝たせてくれて、それで出来たのが大阪の四天王寺です。仏教が一旦すごくよくなるわけですね。決して、神仏の仲が悪かったかというとそうではないらしいのですが、気に入らなかったのは過激派だったわけですね。今からすると、どちらもどちらなのですが、中臣鎌足と中大兄皇子（天智天皇）が結託して乙巳《いっし》の変を起こし、大化改新という大事業を成すのですが、その時に談合した場所が、「談《かたら》い山」で、そこに鎌足公を祀られたのが談山神社、菩提を弔ったのが、その息子の定慧《じょうえ》が唐から持ち帰った如意輪救世《ぐぜ》観世音菩薩を奉る妙楽寺だったわけです。

談山神社というのは、大化改新で有名になりますけれども、実は談山と吉野山というのは、道教の神様をお祀りしていた山なのです。つまり、霊地であって、ここで国の吉凶を占ったりしていたわけです。ですから、中臣と、いわゆる天皇家がそこで占ったりしながら、話し合ったんだと思います。それで「大化の改新をやろう」ということになって、蘇我入鹿は可哀想に、首を刎《は》ねられてしまいます。残された蘇我一族は上手に懐柔されて、あとの建国にすごく役立っているわけです。

これに対して、聖徳太子一族は、皆ちりぢりに逃げて行ったことになっていいます。それが、六四三年から六四四年のことだ…というような話を、談山神社の禰宜さんから聞くわけです。その時に、「あ、この話どっかで聞いたことあるなー」と思ったわけで、「そういえば、善光寺のお坊さんが言ってらした話と繋がってぃるなー」というわけです。それで翌年また善光寺の薪能に行って、お坊様に「談山神社でこんな話を聞いてきたんですよ」と言いましたら、お坊様のほうもまた、

善光寺　徳行坊

語り出してくださるというわけです。

そんなふうに、奉納先でたくさんの話を聞いて、数年経て、全く関係のないようにみえる場所と場所が、繋がっていくというような不思議な経験を、各地でさせていただいてきました。善光寺の薪能がなくなってからも、信州での舞台が結構あったので、他の出演者はホテルに泊まるのに、私はわざわざ宿坊へ泊まりに行っていました。

伊勢神宮には、一生に七度参れと言いますね。善光寺には一生に一度必ず行けと言われています。つまり、生きている間にお世話になったアマテラスオオミカミには七回くらいお礼に行きなさいということでしょうか。そして、私などには、秦氏の先祖の祀られている善光寺には、秦族としての縁を忘れないようにしておきなさいよと言われているような気がします。

能楽研究のリアルとロマン

善光寺のことを調べますと、奈良の法隆寺と非常に縁が深いお寺であるということがわかりました。何と、法隆寺の聖徳太子と善光寺の阿弥陀如来で、文通しておられるのです。面白いでしょう？　これはちゃんとインターネットにも出てきます。

阿弥陀が善光寺に逃げたあとの話なのですが、往復書簡計六通が残っているそうです。法隆寺側にも「聖徳太子の御文箱」と呼ばれるものが残っているといいます。その調査をしている人が驚いたのが、当時の天皇家が使っておられた暦と違う暦が使われているということで、その暦が、九州のものと一緒なのだそうです。そう、九州王朝です。話がよくわからなくなるのですが、神武天皇も九州から来たと言われてますよね。

事実かどうかはさしおいて、こうして謎はどんどん深まって、面白くなっていくという例だと思ってください。まあ、ロマンですよね。先ほどのカモフラージュの話ではないですけれども、真実というのは断片的にちゃんと人から人へと根本が伝わっているということなのだと思います。事実関係としての固有名詞は替わってしまい、また尾鰭《おひれ》もつきますので、ちょっと紛らわしい。しかし、それを両方書いた能には、どちらも兼ね備えているという面白さがあると私は思っております。

能楽の研究や調査をしていらっしゃる先生方は、非常に慎重に事実関係から調べて能の歴史を検証していかれるんです。ですから、そのような立場からすれば、記録に残ってないことは認められない、となるわけです。そういう説もあるという伝説としてしか扱えないわけですね。学者さんというのは、そういう検証の仕方をして事実関係を組み上げてちゃんと論理を立てていくわけです。

一方で、たとえば、梅原猛先生などは、ロマンをもって哲学や、人間が何を考えて来たのかというようなところから探っていかれます。そうすると、やればやるほど、どんどんロマンの部分が広がるわけですね。ああきっとこういうことがあったから、蘇我入鹿はきっとこんなことを考えたはずだ、とか。法隆寺を建てた人は、こんなことを考えて作ったのだろう、とかですね。

梅原先生が法隆寺で真ん中に柱を立てたのは、悪霊封じだとか、怨霊封じだとかとおっしゃった時に、宮大工の西岡常一氏が「いや、長さのスパンから考えたらどうしてもそこに柱が必要なだけです」とおっしゃったことがあったと思います。現場のプロフェッショナルの方が、別にそんな意味はないですよ、みたいなことを平気で言われるわけです。そういうような、リアルとロマンの間を行きつ戻りつして、関わった人がそれぞれに色々なことを考えて、能の面白さが膨らんでいくんだろうなと思っています。

大倉流の先祖のはなし

私たちの大倉流は、シテ方の金春流の分家筋で、薬師寺にご縁があります。薬師寺は天武天皇が皇后の持統天皇の病気平癒のために、薬師如来にお願いして建てられたと伝わっています。

つい先日、薬師寺に新しい食堂《じきどう》が出来ました（二〇一七年五月二十八日に落慶法納公演）。これももともと天武天皇と持統天皇が平和思想の下に建設したものだそうです。その薬師寺に参勤していたのが「大蔵座」なのです。その大蔵座の囃子方として出来たのが、私たちの鼓方である大倉流の先祖の家なのですね。それにも関らず、徳川家に対して出した書き上げには、違った書き方をしています。豊臣方の奈良の出だということがわかることを憚《はばか》ったわけです。

要するに、大倉が奈良で秀吉にかわいがられたということになりますと、これはちょっと時代的にまずいのではないかと先祖が思ったのだと思います。書き上げには、播州大蔵谷の生まれというように、はっきり大倉流初代・大蔵九郎のことが書いてあるわけなのです。江戸時代の公式記録の、享保の書き上げにはそのことだけが書いてありまして、他にはどこにも書いてないのです。幕府への正式文書だけに書いてある。そうなると、それは研究上、どうなりますでしょうか。学者さんたちの通説では、唯一出自が書かれている文書は一級資料ですので、大倉家は播州大蔵谷から出たということが、徳川の正式文書に残っているということなので、歴史的事実として学界に残るわけです。

しかし、私たちの伝承では、金春座の分家筋、薬師寺に仕えていた大蔵座の囃子方の家、というふうになります。面白いんですけど、たとえば、笠置《かさぎ》の大蔵一族には、後醍醐天皇が来て匿ったという経緯もありますので、そこの大蔵の出の人、たとえば月桂冠の大倉様もその出だと聞いています。後醍醐天皇を匿ったというのは、すごいプライドになっているわけです。当時のことですから、当然、ご落胤《らくいん》もそこにいらっしゃるでしょう。そうすると、大蔵一族全員が後醍醐天皇のご落胤になってしまうわけです。ご落胤が一族から一人出たら、大蔵座全員がご落胤みたいな伝承があちらこちらから出てくるわけですね。こういうのが当時の面白いところだと思います。

人を主人公にした能～海士と鐘巻

人の能としてお話したいのは、四国・香川の志度《しど》寺のお話です。十五年ほど前ですが、志度寺で「海士《あま》」に出勤をさせていただきました。またそのあと、観世宗家の催しで、紀州の道成寺で「道成寺」に出勤させていただく機会を得ました。

道成寺には、もう一つ、能の「道成寺」の原曲になったと言われている「鐘巻《かねまき》」という曲があります。すでに廃曲になっているのですが、この復曲上演会に参加する機会もありました。

興福寺が能のスポンサーであった頃に、この作品たちが作られているということを知りました。そこで思い至ったのは、どちらも藤原家の根本に関わるお能だということでした。

まずは、能の「海士（海人）」のお話をしましょう。藤原房前《ふささき》は、亡母を追善しようと、志度の浦を訪れます。その時、海人が現れ、かつてこの浦で起きた出来事を語り始めます。藤原不比等《ふひと》（淡海公《たんかいこう》）は、妹が唐帝の后になったことで贈られた玉を龍宮に奪われます。不比等は、志度の浦の海人と契りを結んで男子を産ませ、その子を世継ぎにすることを約束し、玉を取り返しに行かせました。房前の大臣が親の十三回忌のために来たところ、その男子が自分である真実を知った、というお話です。

かたや「鐘巻」のお話はというと、これは紀州の宮古姫という女の子のお話です。海人が海へ潜っていると、金色に光る仏様を見つけたので、持ち帰り、家に祀ったら、仏様が夢枕に立ち、「私を助けてくれてありがとう。願い事を一つ叶えましょう」といったそうです。その海人には娘が一人いたのですが、髪の毛が生えてなかったので、「この娘に髪を生やしてあげてください」と、その仏様にお願いして、毎日お祈りしていると、髪の毛が生え始めました。そして、その長くなった髪の毛を雀が一本くわえて、奈良の藤原家に届けたところ、藤原不比等はこの髪の毛の持ち主を探せと全国に伝令を出しました。すると、その髪長姫が見つかり、不比等のもとに連れて来させられます。不比等は、自分の彼女にするかと思いきや、宮古姫という名前をつけて養女として迎えました。これが文武天皇の奥さんになるわけです。その間に生まれた子どもが聖武天皇です。そして、聖武天皇には不比等の本当の娘を嫁がせました。それが光明皇后です。天武、文武、聖武と続いていくわけですね。

世継ぎとなる子どもを娶《めと》ったという能「海士」のお話に対して、「鐘巻」は海人の娘を養女に迎えて天皇家に嫁がせるというお話で、藤原家にとっては天皇家との関わりを確立したことを示す非常に重要な二曲の能といえます。

そのようなことが、たまたま、奉納や公演が重なって、行かせてもらうことによって、繋がっていきました。これが、一つの作品だけに出合っただけなら、まず気がつかなかったと思います。よくよく考えると、オオモノヌシと秦氏女の娘が神武天皇の妃になって以来、各地の豪族の娘を娶っていたのですが、それ以降は藤原家がとって代わるともいえる事件なのですね。このようなことに気づかせていただいたのは、現地を公演で実際に巡らせていただいたおかげだと思っています。

在原家と能～杜若

在原《ありわら》の姓は、天皇家からもらった苗字です。阿保親王《あぼしんのう》という、行平《ゆきひら》、業平《なりひら》のお父さんは芦屋に住んでおられました。たまたま私が西宮の夙川に住んでいたおかげで、阪急芦屋に阿保親王塚というのがあることを知りました。その阿保親王が、ここで手柄をあげたというのですが、何の手柄か書いてないんですよ。とにかく、「在原」という苗字をもらった。それで、行平と業平という子どもが、全国に色々な功績を伝えたとなっているのです。

「翁」の謡の文句に「在原やなぞの翁ども」という文句が出てきます。なぜこんなところに「在原」が出てくるのですかと聞いても、誰も答えられないんです。「原」っていうのは、言霊でいうと、ものを生み出す場所のことをさすそうです。お腹のことなのですけれども。ですから、在原というのは、「あらゆるものが生み出される場所」という意味だそうです。「梅原」といえば、梅が生み出される原、桑原は桑が生み出される原という言霊を持っています。ということは、在原家というのは、阪神間の南面の棚田に関係があるのでしょう。この地域は六甲山系から綺麗な水が沸いています。それに、南面で日当たりがよいですよね。海が瀬戸内で穏やかで津波などありません。日本の海岸、平野部は、すべからく津波などの塩害で、連作障害が起こるそうなのですが、それがありません。

南面の棚田というのは、農作に一番適しているそうです。ある程度の塩が必要なのは、野菜が甘くなるからだとか。しかし、ありすぎると塩害で連作障害が起こってダメになる。ですから、南面の棚田で潮風が吹いているのが理想の土地なのだそうです。六甲山は神山で、「神戸」なわけですね。

おそらく、阿保親王の子どもたちは、そういう六甲山系での農業改革に関わったために「在原」という名前をもらったんじゃないかなと想像しています。

それに、実は、米作を伝えたルートが『伊勢物語』と重なるのです。人類学者の中沢新一氏が『伊勢物語』はお米のエピソードだとおっしゃったそうです。「杜若《かきつばた》」の五文字を句の上に乗せて「からころもきつつなれにしつましあればはるばるきぬるたびをしぞおもふ」と涙を落としましたが、その落ちた先が乾飯で、乾飯が食べたら美味しかったという、お米のエピソードですよね。残してきた奥様を思って流した涙でふやけて美味しかったと。塩味が効いていたのでしょうか(笑)。

要するに、業平というのは、色男で種をばら蒔いたというイメージが広がっていますが、実は、稲作を伝えた人たちなのではないかと思ったりもするのです。そのようにして『伊勢物語』を読んでいきますと、謎の翁が登場しますが、天皇家と藤原家の娘の間に生まれた子ども、阿保親王から在原という名前が生まれてくるということを、象徴しているともとれます。

陰陽の神、要するに生産の神であるということが、能の「杜若」にもちゃんと描かれていて、『伊勢物語』というのは陰陽の伝授の物語であるとされています。「昔男」にことよせて人の生き様の物語を伝えたのだと。ですから、最後に出てくる業平の辞世が「つひにゆくみちとはかねてききしかどきのうけふとはおもひしらずや」なのだといいます。これが最後に詠まれた歌なのです。人間が生まれた以上は必ず死にますよと。死ぬまでに様々なことに出合って、様々に広げていきなさいといったことを謳歌する物語ですよ、というようなことを、『伊勢物語』は伝えているのだと思います。それを舞台芸術化して残したのが、能の「杜若」であるということになっていくわけです。

能の「杜若」というのは、あるところでは非常に論理的なんですが、あるところから非常に官能的というか、いわゆる音楽的に処理されていることがわかります。それをさらに特殊演出として打ち出したのが「恋之舞」という小書（特殊演出）になります。「恋之舞」という特殊演出を考えた人は、非常に面白い着眼点を持った人だなと思います。また、別の特殊演出では、太鼓の演奏法に陰陽の撥を逆に打つという打ち方が伝えられていますが、それは、陰陽のバランスを整えるという意味なのだと思います。

狂言謡の面白さ

大蔵流狂言方の茂山千之丞先生は非常に音曲に明るくて、素晴らしい声の持ち主でした。父がまだ五十代でしたが、一緒に「室町歌謡」のメドレーを作って、色色聞かせるという試みをされたのです。昭和五十年前後のことですから、私が二十歳くらいの時のことです。

父の没後、私も参加させていただくようになり、狂言の中に残る原初的なリズム体系の中に、能の囃子が育つ原型のようなものがあることを教えていただいたのです。このような、音曲に関わることは、文章では伝わりにくいかもしれませんが、芸能史的に非常に面白いことだということはお伝えしたいと思います。

まず「三番叟」の話に繋がってきます。「三番叟」というのは、「揉之段」と「鈴之段」という二つの部分から成り立っています。「揉之段」はいわゆる土を耕す大地踏みの芸能ですが、「鈴之段」は最初は腰をかがめて種を蒔いていて、それが最後には万歳して穂が実っていく、要するに生命が育って躍動するというようなシーンを演じています。

この二つの楽曲には、八拍子の能楽の音楽の構造の中で、「平ノリ」という、七五調を乗せるリズムパターンと、七五調を一文字一拍ずつ拍子に乗せていく「大ノリ」というリズムパターンの原型が残っています。

笛の唱歌というものがありますが、「オヒーオヒーウヒーヤーリー」と、音をカタカナで唱えるんですね。これが室町歌謡の中に出てきます。「きょーおにきょーおにーはーあーやーるー（京に京に流行るー）」「しんちゃのちゃつぼはよー（新茶の茶壺はよー）」などの言葉に置き換えられるのです。そういうノリ方で、七五四節にのっかっていくのがあります。それで、「鈴之段」は、「ホーンホーヒートールーローーホーンホーヒート」と。「ホーンホーヒートーローー」は七つでしょ、「ホーンホーヒート」は五文字でしょ。これがちょうど八拍子にのっかっていくということです。これが大ノリで言うと、「あーづーまーあーそーびーのかーずかーずーに（東遊びの数々に）」となります。こういう、音節の乗せ方と同じ原型の謡が入っているわけです。

室町歌謡というのは、非常に明快で、皆が一度聞いたらすぐ歌えるような謡です。能の謡のように、特殊技術化する以前の歌の原型みたいなのが、狂言には伝えられているのだと思います。

そしてそれは、田植えで歌われる田植え芸能と共通する部分があるのではないかということに気づかされます。

古代の話を超古代の話として～白鬚

滋賀県の琵琶湖のほとりに、白鬚《しらひげ》神社という神社があります。能「白鬚」のお話は、その白鬚神社の話です。

お釈迦様は八十年の人生を、「頭《ず》北面西《ほくめんさい》右脇臥《うきょうが》」の姿で死んでしまうわけですが、これが能のクセ（小段）の中に三行くらいで書かれているのです。「白鬚」のクセの頭「その後人寿《にんじゅ》百歳のとき」とあります。たとえば、神武天皇などは百二十何歳まで生きたとかね、あと一万歳とか一千歳とか、色々な説があるわけですが、「その後人寿百歳のとき」、要するに、人間の寿命が百歳に定まった頃、つまりは、コノハナサクヤヒメを嫁さんにとってしまったがために人間の寿命が縮まったということになっているわけですよね。「その後人寿百歳のとき、悉達《しっだ》と生まれ給ひて」。つまり、釈迦として生まれて、「八十年の春の頃、頭北面西右脇臥跋提《ばつだい》の波と消え給ふ」。要するに、釈迦が出てきてすぐ死んじゃったということなのです。でもこの人の教えが尊く、素晴らしいから、日本に伝えようということになり、その霊地をどこに定めるのかという物語が「白鬚」です。

お釈迦様の魂がまず琵琶湖に到着したら、六千歳のおじいさんが出てきました。それでその六千歳のおじいさんに、「この土地に仏教を広めたいから、この湖を私にください」と頼むのです。そしたら、六千歳のおじいさんが、「この湖が七度水が枯れて葦原《あし》になったのを見てきたが、ここをあげると自分が釣りをする場所がなくなってしまう。それは嫌だから断る」と言う。お釈迦様は「あらー残念。こいいとこやと思ったんやけどなあ」と言って、力を落として帰ろうとしたところ、東方から、浄瑠璃世界の主・薬師如来が忽然《こつぜん》と出でて、「よいですよ！」というのです。薬師如来は、「人寿二万歳の昔より、この土地の主だけれど、この六千歳のおじいさんなんて知りません」と、「かまわないのでここで仏教を広めなさい、ぜひよいことだからやりなさい、僕も助けてあげるから！」と勧めるのです。それで「よかった」と言って、お釈迦さんが坂本に比叡山を開いた、というお話なんです。しかし、比叡山が出来たのは桓武天皇が、要するに空海と最澄を入唐させて留学させて帰ってきてからですから、八世紀後半ですよね。それにも関わらず、比叡山はもともと定められた仏法を広めるための土地である、なんてことが、十四、十五世紀に書かれているのです。面白いですよね。

ですから、超古代のお話のようなんだけれども、実は非常に新しいことを超古代に置き換えて書いているということなのです。これってどこかで聞いたことないですか？　毎年十二月十四日に、討ち入りの話がありますよね。歌舞伎では「仮名手本忠臣蔵」になっています。あれは、江戸時代の物語として江戸で演ったらまずいから『太平記』の時代に置き換えて作っています。このような仕立ては、歌舞伎の専売特許のように言われていますが、実はそうではありません。もとはお能の専売特許なのです。

ところで、六千歳の翁、二万歳の翁、それで「人寿百歳」とは、どういうことでしょうか。これ、順序が違っていたら絶対気づかなかったと思うのですけれど、二万歳の翁というところで、二万歳を三百六十で割ってみたんです。これが何とね、五十七、一四二八五七歳なのですよ。暦には、年齢、月齢、日齢があるということを聞いたことがあります。ということは、二万歳というのは日齢で割ると五十七歳のおじいさんなのですよね。それから六千歳、これはゼロを一つとって六百歳とすると、月齢で言うと五十歳のおじさんなのです。ですから、五十七歳と五十歳のおじいさんが、部族が違うから、暦が統一されてない時代（要するに比叡山が開かれる前に）、滋賀県の辺りに色々な暦を持って入っていたのかなと思うのです。

年齢、月齢、日齢と、暦の数え方が違っていたのでしょう。そういう人たちが入ってきて、ああでもない、こうでもないと仏教伝来の地のことを言ったのではないかと思います。ひょっとしたら、これも大和の物語が重なっているのかもしれないと思うのは、仏教伝来が五三八年、五五二年が仏教公伝といわれていますよね。ですから、その時代の色々な部族間抗争の断片が滋賀県に舞台を移されているのか、本当に比叡山のことなのか。これはちょっとわかりませんけれどもね。そういう色々な暦が混ざっていた時代の話が残っているのかなと思います。こんなふうに考えると面白いですよね。

それを統一したのが、現在の滋賀県大津市に近江朝を建てた天智天皇です。そして、六月十日は時の記念日です。それでは、なぜ六月十日が時の記念日になったかというと、天智天皇が近江朝を建てて、漏刻《ろうこく》を作って鐘鼓を打って日本の基準時となる時報を開始した日だからです。

その辺りは「淡海《あわうみ（おうみ）》」と呼ばれたくらい、そのまま飲める水があるというのは、海に住んでいる人たちからすれば考えられない、非常に優れた土地なのです。津波もないですしね。そこに色々な暦を持っていた部族が住み着いていて、それまでバラバラだった暦を天智天皇によって統一暦に改められましたよ、というのが、「白鬚」の能には残っているのではないでしょうか。

両者が共存する平和を〜富士太鼓

各地の奉納にこれだけたくさん行かせてもらえたのは、石原昌和氏という方が奈良にいらっしゃるおかげと思っています。談山神社も善光寺も実は、石原さんの奉納で行かせていただいたのが最初でした。

石原さんは子どもの時に理科の実験で手を飛ばされて、手首から先が両方ない方なのです。面白い方でね、電話で喋っておられて、「じゃあ、近鉄奈良駅で待ち合わせしましょう。私は手がないですから」と電話の向こうの方と約束されるのです。電話の向こうの人がね、「手がないって?」と言われても一瞬どういうことかわかりませんよね。それに対して「見たらすぐわかりますから」って。まあ素敵な方なのです。昭和四年生まれの、非常にバイタリティーのある方です。

現代の日本の雅楽では、右舞(高麗楽)と、左舞(唐楽)は仲良く演じられています。しかし、伝来時期には「宴楽」として伝わった高麗楽のほうが三世紀と古く、唐楽はそれより遅れて六世紀頃に日本に伝来しました。

能楽の現行曲「富士太鼓」の原点には、六、七世紀頃の両者の主導権争いが下敷きにあるように思えます。後から来た天王寺の唐楽が主導権を握ったために、先住民の住吉方が訴えたところ殺されてしまった悲劇の記憶の物語といえます。

能「富士太鼓」では、訴訟をしに出向いた夫の帰りが遅いので、子どもを連れて都にのぼったところ、夫の死を知らされ悲しみにくれ、狂乱の態でその装束を身にまとい、太鼓の役のために死んだ夫の仇は太鼓だとして、楽太鼓を仇として楽曲を奏するという展開です。

この能は、本当に仇に復讐し討ちとるのではなく、夫の形見を身にまとい太鼓を仇に見立てて恨みを晴らすという、芸術的な昇華によって太平の世を願う、作者からの強いメッセージ性を感じます。

十二月十七日をメインとして毎年行われる奈良・春日大社の「春日若宮おん祭」では、第二章でも述べたように、高麗楽、唐楽両者の争いを「競馬」のご神事で競わせ、勝ったほうが春日明神が選んだものと考えて、争いを終えたという知恵が伝わっています。

両者が共存するということ、双方の舞楽がこの日本で千五百年におよぶ歴史を刻んだことを、もし当時の人が知ったなら、と思うと、興味深いです。

「望月」 シテ：友枝昭世 （写真：吉越研）

現代に置き換えて解釈する大切さ〜望月

「望月《もちづき》」という能は、十二歳の男の子が、親の仇とたまたま宿が一緒になり、その酒の席で酔っぱらわせて、仇を討つ物語です。これは江戸時代に、武家の子どもはかくあるべしとされた曲でした。ところで、一九九七年に、神戸で十二歳の男の子が人殺しをした事件がありましたね。なんて残酷なことを子どもがするんだという話題になった時に、ちょうど「望月」の能が神戸であったのです。そうすると、「この子どもはなんて残酷なことをするのだ」と思うわけです。いくら親の仇とはいえ、人を殺さないといけない社会はどうなんだと。お母さんというのは、「望月」の場合、子どもが殺すのを手伝うのですが、その場面ではいなくなってしまうのです。これはひょっとしたら、母親としたら本当に「やれやれ」という気持ちなのか、いやもうそんなことはやめて、もう関わりたくないと考えたのかとか、普段とは違った解釈が生まれてくるわけです。逆に言うと、作者は反戦を訴えるつもりで、もう二度とこういう復讐をよしとするような社会を作ってほしくないと思って書いていたかもしれないですね。

過去に作られた作品ではありますが、絶えず現代に置き換えて、自分なりの解釈を広げていくということも大事なのだと思います。

海をわたる能

ギリシャと奈良に通低する〝へそ論〟

ここからは海外公演でのお話をさせていただきたいと思います。

二十歳の時に初めて海外公演で香港に行かせてもらいました。ヨーロッパ五カ国二十二日で二十一公演などといった目の回る旅もございました。一泊四日のスコットランド公演は、ほぼ飛行機で過ごして現地公演だけして戻るといった感じです。そのようなものを含めて、海外公演は三十回以上になりますでしょうか、正確な回数はわかりません。色々な国に行かせてもらい、色々な民族の芸能に興味があるので、見学をして回りました。

そんな中で、最近行きましたギリシャの話をさせていただきます。

ギリシャに演能に行きましたのは、ギリシャがユーロから切られるとか、EUから追い出されるなどといわれていた真っ最中のことでした。にも関わらず、彼らは非常に明るくて、太陽いっぱい、オリーブいっぱい、ピスタチオ美味しい、ワインも最高、魚も美味いし、祭で豚を殺してみんなで喰うみたいな、底抜けに楽しい生活をしていて、ユーロ問題なんぞどこ吹く風だったのには驚きました。

予想に反して、全然気にしてないようなので、「どういうことですか?」と尋ねたところ、「君はね、お臍の調子が悪いからといいってお臍を切りますか?」と言うのです。ギリシャはヨーロッパの臍なのだと。自分たちは太古の昔からこういう豊かな暮らしをしているのだと。あの人たちは開拓だ何だと言って出て行って、行った先で経済発展してちょっと調子いいからってね、偉そうなこと言っているけど、臍忘れているのと違うかと。

通訳してもらいながら、こっちはもうただただ目が点になるばかりです。そして、「待てよ、これってどこかで聞いたことあるな」と思ったら、奈良なんですよ。奈良の人の話を聞いていると、そういう節がある。そう思いませんか？　奈良というのは、やはり日本の臍なのです。

今はどこもかしこも、GNPやGDPがどうのといって、奈良は観光的には国際水準のホテルはない、とさんざんな言われ方をしています。しかし、奈良には、地道に文化を脈々と受け継いでいる人たちがいるわけです。京都は足利さんのおかげで世界中から人が来るようになり、東京は経済発展して世界有数のすごい都市になっています。奈良の人たちに言わせると、「あの人たちは奈良から勝手に出て行って、商売成功してものすごい調子いいようなこと言っているけど、奈良は日本の元やし、鹿もずっといてくれてるやん」となるわけです。奈良は奈良のペースでやっているのに、周りがちょっと経済発展したからといって、それを押しつけるのは勘弁してくれという気持ちです。

ギリシャへ行って全く同じような言い方を聞いて、これは面白いなと思いました。確かにギリシャやイスラエルは、ものすごくいいところです。しかし、たとえば、一万人しか住めない広さの国だったら、それ以上の人口は住めません。すると、出て行かざるを得ないわけです。特に、次男坊、三男坊は。それで、出て行ったり追われたりした民が、世界のあちこちで成功した者もいれば、失速した者もいるわけで、ついでに文化も持ち出して、あちこちで色々な文化をそこにまた作るわけですね。

残った人たちはさらに純粋培養され、豊かな暮らしをしているから、逆に平和ボケをしてしまう。出て行った人たちが武力を蓄えて攻め込んできたら、すぐ追い出されるでしょう。イスラエルでもギリシャでもそうです。ローマ帝国に攻められては出て行ったり、また戻ってきたり。ヨーロッパは地続きで、狭いところでは同じ繰り返しになるわけです。人間って面白いなと思いますね。あっちでもこっちでも似たり寄ったりなことをやっているなあと思います。

根本神話と能～アイルランドの神話が能になった

太陽遺跡というのは、いわゆる北欧から東は九州、世界的に色々なところに残っています。オーストラリアなどにもあるらしいですね。「根本神話」というのが、人類が一つだった時に作られたと仮定するなら、たとえばそこから次男坊、三男坊が外へと出て行って、新しい土地を作った時に、固有名詞だけをその土地の夫婦に置き換えて、「天孫降臨」になるわけです。このようなことを繰り返していき、新しい土地で新しい神話が次々と伝わり、日本ではイザナギ、イザナミという名前になっていったのだと考えられます。

太陽神はアポロンだったのが、東の端の国ではアマテラスオオミカミになっていくといったように、固有名詞がどんどんと替わっていきます。根本神話の原型は、太陽遺跡などと共に世界中に散らばっています。

そんな世界の神話が能になったお話があります。

日本のお能のことをアイルランドの詩人で劇作家のイエーツという人が人づてに聞いて書かれたのが、戯曲「鷹の井戸」です。

それを和訳して、一九四九年に横道萬里雄氏が新作能「鷹の泉」として作られ、最初喜多流で演じられました。そして、一九六七年にそれを観世流の観世寿夫先生や雅雪先生と共に「鷹姫」として作り直されたのです。それをまた京都で、片山幽雪先生や片山慶次郎先生たちが若い頃に上演され、今では新作能の定番です。

これは、アイルランド神話の中からエッセンスを抜き出して作られたものです。不老不死の泉があることを聞きつけ、若い王子が訪ねていくお話です。そこには、泉の守り神の乙女・鷹姫がいて、泉が湧く時は、来た人たちを惑わせ眠らせてしまう。目を覚ますと泉は枯れているという。泉が湧き出したから飲もうと思うとまた寝てしまう。その繰り返しの間に男は歳をとっておじいさんになり、石塊になってしまう。その石塊がたくさん出てくるお能です。

これは人間の永遠のテーマである、不老不死という絶対的に手に届かないものを求め続ける、人間の本質を作品化したお能です。役者は死にかけのおじいさんと若い男と鷹姫しか出てきません。残りは岩ばかりです。この岩が実は主役で、若い男とおじいさんはその前段階の存在です。それも最後は岩になっていくのです。男が来ておじいさんになって岩になっていく。この繰り返しです。これは、ビッグバンから始まった人間の営みそのものですよ、ということを伝えているわけです。そういう作品がお能で作られました。

神話が繋がっていて、根源的であるからこそ、能という形式によって普遍的な作品が誕生したということかと思います。

能に託されたギリシャ神話「ネキア」

「鷹姫」と同じく、神話が能になった作品をもう一つご紹介しましょう。

今度はギリシャ神話です。二〇一五年七月に、現代能「ネキア」という作品がギリシャで上演されました。ギリシャ神話の「ネキア」は、ギリシャの劇団がこれまでに色々な形で上演されてきました。『オデュッセイア』の主人公であるオデュッセウスが黄泉《よみ》の国の冥府《めいふ》に行く場面ですが、実際には生きているはずのお母さんの幽霊に会ってしまう。つまり、近未来に遭遇するというお話です。そこで自分の末路を「まだあと何年も帰れないよ、お前はまだまだこれから大変な苦労をするよ」といったことを幽霊から予言されてしまい、「まだそんなに大変なことがあるのか」と言いながら帰っていく、という話です。

今までたくさんのギリシャの方々が上演を試みてきましたが、肝心の、その冥界の場面の演出がことのほか難しい。しかもそれを演じることが出来る役者がギリシャの演劇界にはいないと困っていたそうです。そこで、マルマリノスというギリシャでは有名な演出家が、日本にお能があることを知って、「この人たちだったら冥府の場面を自分が思う通りにやってくれるのではないか」と思いついたそうです。そこで、梅若玄祥先生のところに「この場面を能で演ってください」とオーダーし、自らも演出家として参加したいと。

果たして、言葉の壁を乗り越えて、ギリシャ人とともに作り上げたのが「ネキア」でした。「冥府行」という日本語名がつきまして日本でも上演されました。能に目をつけたその演出家も偉いですが、まさに能の面目躍如という舞台が実現したのです。

色々な試行錯誤の末に出来上がったわけですが、本当に、素晴らしい舞台になりました。「ネキア」を上演したのはエピタウロス演劇祭という立派な演劇祭でした。ギリシャのアテネから、車で二時間半くらいかかる田舎でした。そこには、図書館跡と医療施設跡もあり、古代ギリシャのリゾート施設の遺跡で、現在使用可能な世界で最も古い野外劇場だということでした。

その、一万人くらい入る円形劇場で、「ネキア」を二日間、上演しました。それとは別に私たち能楽師は、ギリシャ由来の新作能だけではなくて、普通の古典的なお能を日の出の時に演ることになりました。

そこで、準備をしてきた「翁」と「土蜘蛛」を、二日目の朝に予定して、演劇祭で案内を流しました。現地時間の朝の五時半か六時という、日の出の時間に合わせた開演にも関わらず、何と、四、五千人もの方々が来られたのです。無料だったとはいえ、ギリシャ人の演劇好きには驚かされました。子どもから大人まで、一体どこから来られたのでしょうか。真剣に見てくださって、終演時にはもう大興奮といった感じで、嬉しかったです。

ちなみに、『オデュッセイア』は英雄伝説の典型的なパターンで、さしずめ日本ではヤマトタケル、義経に当たるでしょうか。そこには共通する英雄伝説のパターンがあります。

一つ征伐して、帰ってきたと思ったら、すぐに次のところへ行けと言われるのです。奥さんとちょっと睦まじい場面があっても、すぐに次の征伐に行かされるわけです。そこには必ず「剣」とか「予言」などのキーワードが共通項としてあり、それがちゃんと『オデュッセイア』に残っているのです。

ヤマトタケルや義経とも共通する英雄伝説の原型とは、こういったところにあるのだと、「ネキア」を演って腑《ふ》に落ちましたね。

演劇から人が学ぶこと

ヨーロッパを回ると、キリスト教の勢力範囲は確かに大きいのですが、そのもとにあるアニミズムを非常に大事にしていることが折に触れ感じられ、大きな収穫でした。それは、日本と共通している感覚があるとわかったからです。

日本でも、先住民の文化を今も受け継いでいます。そういうところは、やはりヨーロッパはヨーロッパなりに、宗教と絡ませながらすごく工夫してあるのだなということがわかりました。

たとえば、北欧に行けば、サンタクロースですね。これがトルコの小アジアとも繋がります。また、ハロウィンも、もとはケルト文化としてあった謝肉祭を、キリスト教文化の中に上手に取り込んだものです。

宗教でも祭でも、いいことをやろうと思っている人たちは、一所懸命やるわけで、それは成功しているのですが、大概そこで悪いことをする人が出てくるのが世の常なのですよね。そこで悪いことが起こらないように未然に防いでいくというのが、知恵の集結のなせるわざです。経験値の高さであり、国の、いや人の成熟度になっていくと思うのです。

そう考えると、能に限らず、世界のありとあらゆる演劇から、人が学べるものがいかに多いかということもよくわかります。

イスラエルで考えた暦と能

暦は、最初どのように作り出されたのでしょうか？

アフリカなどの赤道直下で人類が生まれたとします。すると、一日には昼と夜があることがわかります。赤道直下では年中暑く、一日の半分は日が昇り暑くなり、後の半分は真っ暗で星が出ることに気づきます。朝には太陽が昇り、それで一日の感覚が出来てきます。十五回、太陽が昇ったり沈んだりすると、月が丸くなったり欠けていったりする。それで十五日とか三十日で一月の単位が出来てくる。太陽を見ていると毎朝ちょっとずつ違う位置から出てくる、そして太陽がまっすぐに上り下りするのは月が満ち欠けする六回に一回。

「春秋暦」という、六カ月で一年の感覚です。これは赤道直下の話ですが、太陽が真東からでる時が、物事を始める日としてよいのですね。つまり、この時に種を蒔くと作物がよく育つということがわかってくるのです。そして、二毛作というのが基本です（赤道直下では年中暖かいため）。これが、アポロの信仰になったり、日本ではお天道様と呼ばれたりする、太陽信仰になります。そして、太陽を絡めた建造物を作り始めます。たとえば、ギリシャ神殿、ピラミッドなど太陽の運行を計算に入れた遺跡の最も大事な部屋は、年に二回決まった時に真東から太陽が差し込む一番奥だったりします。ストーンサークルも太陽の運行を意識したもの

イスラエルの日没

です。
それから戦争や口減しのためにそこから移住する人がいます。東西に逃げた人は同じ二毛作を伝え、北と南に逃げた人は、六カ月は暑くなるけど後の六カ月は寒くなることに気づきます。そして、日本まで逃げた人たちは春夏秋冬という四季があることに気づきました。それが十二カ月で一年となることに気づくわけです。『古事記』の年号が継体天皇からは太陰暦を元に一年三百六十日で割れますが、それ以前は春秋暦を使っていたのではないかとの説を伺ったことがあります。皇紀二六〇〇年のうちの、継体天皇が大和入りして玉穂の宮を建てたのが五三〇年なので、それまでの千百年分は、半分の五百五十年くらいになると。それに照らし合わせていくと日本の歴史とおよそ揃っていきます。そうすると、お能の中に入っている何気ない言葉が『古事記』とリンクしてきます。なぜこんなことに興味があるのか？　と問われた時に私は「桜間右陣氏に連れていってもらったイスラエルのホテルから見た地中海の日没を見たから」と、答えます。
暦や自然現象を味方につけた部族は、それを知らない部族より優位に立てたことは、神武東征で日を背に戦い、勝てたことが証明しています。地中海の日の入りでは、真西の水平線に沈む太陽を背に受ける船は、まさしく太陽から船に乗って向かってくる太陽の民です。月を背に受けて浮かむ船は、月の世界からの使者と思うにふさわしいロケーションが揃っていたのです。

私にとっての能

多武峰の翁

東京大学教授
松岡心平

翁面をつけた観世清和宗家が「とうとうたらり」と謡い出した瞬間、ざあっと強い風が吹いてきて、権殿《ごんでん》の階段下あたりでバタンと何かが倒れた。二〇一一年五月の多武峰《とうのみね》の「奉納 翁」でのハプニングである。実際、人が倒れたそうだ。多武峰に伝えられてきた、摩多羅神《またらじん》面とされる大ぶりな翁面を、はじめて観世宗家がこなそうとしたときの出来事である。未だに私は、それを摩多羅神の威力だと信じている。あとの翁舞も面白かった。このときの鼓の音と息遣いを聞いてはじめて、私は、「道成寺」の乱拍子の源は「翁」にあると確信することができた。

いま私は、能楽の源流である「翁」について、それなりに大がかりな考察を世に問おうとしている。二〇一一年の多武峰の「翁」から力を与えられて書いていければと思っている。

四十年の片思い

彫刻家
籔内佐斗司

私の能楽とのおつきあいは、東京藝大の彫刻科の学生だった頃からなので、四十年にもなる。しかしあいかわらず「初心」のまま、なんの進歩もない。謡の一節をうなれるわけでもなく、鼓を打ったこともなく、ただただ見所から新鮮な思いで仰ぎ見ているだけ。でも、美しい景色に感動し、鳥のさえずりや雨風の音に耳を澄ませ、洗練されたひとの所作を飽きずに眺めることは誰しもあることだろう。私にとって能楽とはそんな密やかな片思いのような関係。

第五章

現代職人気質条々

カラス胴の鼓（写真：大道雪代）

これまで、能楽の歴史や思想、またその面白さについて、私の見てきたこと、思ったことを通してお話させていただきました。

ここでは、能楽の「未来」について、考えていきたいと思います。そして、それは、能楽のみならず、日本文化の未来について考えることにもなりそうです。

伝統文化は今後、どのような意味を持ちうるのでしょうか。

まずは、「職人」という存在をヒントにしながら、またもや自身の経験を通して、考えを巡らせてみたいと思います。

実在の方のお名前が出てきます。私が勝手に思い込んでいることもあるかと思いますので、ご迷惑がかからなければよいのですが……。

職人と能楽

使わないものを作り続けるということ

大和の刀鍛冶《かたなかじ》師である河内國平氏に初めてお会いしたのは、金剛永謹先生にお誘いいただいて入会させていただいた「21世紀文化会議」という席だったと思います。「伝統文化は、生活様式が変わると存続出来ないのではないか」という話題に、河内さんが言葉少なにおっしゃったことが印象に残っています。

「刀はね、現代で使われることがないものなのに、作り続けています」

その言葉に、大変ショックを受けました。能楽よりも、もっと過酷な条件の方々がいらっしゃるということを思い知らされたのです。

「なぜ、やり続けておられるのか」との疑問に対して、「焼きを入れて、最後に水に入れる時に、じゅわっという音がします。その時、最初は刃先の細い部分が先に冷えて収縮するので、いったん反対側（刃先のほう）に縮まっていき、それから背の厚い部分が縮みます。最後はまた反対に、ぎゅっと反り返るんです。その一瞬が何ともいえないのです。」とお話されたことが深く心に残りました。職人にしか見えない「スリル」――能も同じです。それぞれ、その業界で日々精進している時、つまり、ある種の「職人」でしか味わえないやりがいというものがあるのです。

能楽は信楽のタヌキになれるか

同じく21世紀文化会議で、彫刻家の籔内佐斗司《やぶうちさとし》氏と出会いました。仏像の修復をしながら、造形活動を展開されて、ユニークな作品を次から次へと生み出されていました。中にはウケねらいかなと思うようなものまであり、それを見てちょっと意地悪な質問をさせていただいたのです。

「売れ筋のものも作らないと今の時代は大変ですよね」

こんな言い方をしてしまったのでした。そうしますと、「いや、そんなことはないんですよ。本当に面白いと思ってやっていますよ」というような話をされ、ハッとさせられました。能楽も、一部のマニアや専門家ではなく、ごく普通の人との窓口になるような作品作りが、とても大切なことだということに、改めて気がつかされたのでした。

またある時、「信楽《しがらき》のタヌキのように、自分の作品がどこにでもあるようなものにしたい」とお伺いし、素晴らしいと思いました。そして、能もかくあるべしと、思いを新たにした次第です。自分のスタイルを持ちながら、万人に受け入れられるということが大切なのだと。能楽はまだまだ、一部の人の嗜好対象でしかないように思います。そして、能楽が生活文化と程遠いところに存在していることは、問題であると考えるようになりました。

「第32回国民文化祭・なら2017」「第17回全国障害者芸術・文化祭なら大会」のマスコットキャラクター「はかませんとくん縁結び」バージョン

たとえば、仏像や神像は、御堂の中に安置されると、そこから動きません。一方、能楽師は、自身の身体をもって全国各地、世界へと飛び回り、仏や神の姿を演じ、人々の心の内に様々な思索を巡らせることが可能なのです。そのように考えると、能楽のやるべきことは、もっと幅広く、もっと可能性があるのではないかと思います。

ところで、籔内さんの作品の多くは、「童子」の姿をしています。童子、すなわち、子どもは未来を創る存在であり、無限のパワーを持っています。だからこそ、子どもたちをよい方向に向かせないと、そのパワーは、時として破壊のパワーにもなります。このことを、大人たちはよく知っていなければなりません。破壊と創造、その両方の役割が、子どもの無限の未来に込められているのです。

奈良の遷都一三〇〇年のマスコットキャラクター「せんとくん」も童子であり、国民文化祭、全国障害者芸術・文化祭バージョンは鼓を打っています。奈良は能楽の故郷で、桜井市の多武峰折居村は鼓の里ですから、とても嬉しいことと思っています。

長次郎作　黒樂茶碗　銘「俊寛」
三井記念美術館蔵

各時代の人々の思いを受け継ぐ

千家十職の一人である茶碗師、当代の樂吉左衛門氏は、金剛流の謡を長年嗜まれ、ここ数年、一調（能の打楽器一人と謡一人で奏すること）のお相手をさせていただいております。茶の湯は、能楽と深く関わりを持ち続け、歴代の作品にも能楽ゆかりの銘が入った作品があります。室町時代に芸術的起点を共有する茶の文化と能楽は、切っても切れないご縁があるのです。

謡曲の銘がつけられた茶道具を見るにつけ、今茶道をされる皆さんが、室町時代の人々のように生活文化に根づいた思いでこれらを見てくださっているのだろうかと、ふと感じることがあります。能楽に対する学術的な知識も大切ですが、やはりそれは当時の感覚とは違っているのだろうと思うのです。

当時は、能楽文化が社会性を有していたために、ある種のステイタスとして能楽にちなむ銘がつけられたという側面があるのだと思います。しかし、現代において、果たして、能が生活文化として根づき、その意味も含めて伝承されているのだろうかと疑問に思います。

能楽の持つ芸術的、哲学的、そして歴史的なことを含めた作品のイメージやメッセージ性を、能楽師自身が常に発信し続けることが、重要なのではないかと、樂さんの作品を見るにつけ、考えさせられています。

現代の鼓職人

小鼓そのもののイロハを教わったのは、祖父の代からお付き合いいただいていた三浦慶亀堂様でした。子どもの頃、一緒に遊んでいただきながら、楽器としての鼓のノウハウとお道具としての鼓の扱いを教えてくださいました。

成人後は、自分からお道具の製作の方のところを訪ね、また違った視点から鼓のことを学ばせていただきました。名古屋では「ぬし藤」の鈴木理之氏、東京では宮本卯之助商店の当代卯之助氏などと、現場と演奏者の間を埋める対話をしてまいりました。小鼓製作の後継者、人材育成の難しさなども折に触れて語り合います。

近年では輪島の木地師の西端良雄氏が鼓胴の製作を始めてくださり、革を見よう見まねで製作してくださる方が現れ、少しずつ成果を上げています。麻紐の調べ緒（鼓に使う紐のこと）もよい材料の調達が難しい中、山下慶秀堂様などが頑張っておられます。

小鼓はあらゆる打楽器の面白いところを集積した、世界にも例を見ない日本オリジナルの打楽器です。六百年におよぶ能楽の小鼓の世界がこの数年の近代化で伝承が途絶えるのは何としても防ぎたく思っています。

私たちは能の小鼓の打ち方を先祖から伝えられました。製作者の人たちの伝承の労苦が報われるような時代を作りたいと思っています。

鼓製作の現場から

与えられた条件で最善を尽くすだけでなく、よりよいものを作るという精神が育まれにくい環境があるように思います。たとえば、現代のお道具ならば、役者である私たちと職人が共同で作っていく場面が、もっとあってもよいと思います。

麻の調べ緒は、在来種が栽培出来なくなり、手に入らなくなっています。それ以降、品種改良された毒性のない丈（繊維）の短い麻を使って調べ緒を作るという状況です。しかし、そうではなくて、能楽師も声をあげ、麻紐を使う他の業種の方々も一緒になって、共同で在来麻を栽培する法律を整え、よりよい状態の調べ緒を製造し続ける管理システムを作るべきではないでしょうか。社会の流れの中であきらめるのではなく、文化として、次の世代に残していくことは、私たちにしか出来ない、大切な事業なのだと考えます。

鼓の革は馬の皮で出来ています。現在手に入る馬皮は、そのほとんどが競馬などで見られるサラブレッドでしかありません。しかし、これしかないというのではなくて、鼓にとってよい状態の木曽駒、つまり在来馬を、現代の中でもう一度育てるところからやり直すことも、大切な継承事業だと思います。

現代に必要な職人気質とは

若い頃、九州・唐津の八卦見《はっけみ》の方に「あなたの人生は、いわば天国と地獄が共存する一生です」といわれたことがトラウマのように耳に残っています。その言葉のとおり、ジェットコースターのような一生を送らせていただいております。本書では全ての方には触れられませんが、多くの方のおかげで今の自分があるのだと、只々、感謝の思いで日々を暮らしております。そのような自身のことも、より大きな視野にたち、客観的に位置づけて見なければ、能楽を続けることは出来ません。

戦後、何もないところから伝統の伝承を始めた方々は、たくさんの工夫をされて来られました。あるものでベストを尽くそうという、努力の末に今があります。しかし今は、これだけ豊かになりました。だから何でも手に入るようになったかのように見えますが、実はそうではないということに、気づかねばなりません。お金を出しても手に入らないものが出来てしまったのではないでしょうか。そのような時代だからこそもう一度、一から理想の形を求め直すような作業が、今後は必要になってくると思います。

文化倍増論のすすめ

日仏交流からの気づき

二十歳代後半に、笛方の一噌仙幸氏のお声掛けで、ピアニストの山下洋輔氏たちと前衛舞踏の大門四郎氏の公演の音楽担当として、ヨーロッパツアーに参加させていただきました。その折、画家の松井守男氏のアトリエでお聞きした話です。松井氏は、友人の山下氏がパリで開く初めてのコンサートの時、舞台設営などを手伝われたそうです。その日、フランス政府の要人たちが主催する松井氏を囲む会があったにも関わらず、舞台設営をしている間にパーティーは終わっていました。ことと次第によっては大変なことになる瀬戸際に、松井氏は友人のコンサートを手伝っていたらすっかり忘れていたのだと、正直に謝ったそうです。このことを聞いた主催者は、「それならば仕方がない」と許してくれたそうです。

政府の要人たちが、芸術家や職人たちが作品製作に没頭すると、時間という概念がなくなることを知っていたことに対し、たいそう感銘を受けた次第です。決して、芸術家という理由で甘えさせてほしいというわけではありませんが、そのような、経済社会とは異なる時間の尺度で動く世界があるのだということを理解している方が行政の中におられるということが、大変羨ましく感じられました。

「能楽師が金で動くようになったらダメだ！ それでは本当にいいものは出来ない！」と言った先人の言葉が耳に痛みます。

文化と経済

フランス俳優のジャン＝ルイ・バローが初めて来日し、マルセル・マルソー、ジョルジュ・ドンたちが日本に訪れ始めたのは、芸術文化の交流が民間レベルでようやく行われるようになった、一九七〇年代から八〇年代の頃です。

彼らはパリ万博から始まる「ジャポニズム」で知られる芸術文化を作った日本に、自分たちのパフォーマンスがどのように受け入れられるのか、敵地に乗り込む気持ちで公演活動を行ったのでした。結果、日本にフランスブームが起きて、『ベルサイユのばら』や『エリザベート』に繋がる、日本でのヨーロッパ文化ブームの先駆けとなりました。そして八〇年代のパトリック・デュポンの世代の時には、そのお膳立てに代理店が動き出して、経済の面での動きが活発になりました。

次の世代になると、大きなスポンサーがついて経済効果が一億円を超えたと当時話題になりました。文化交流がそのまま、経済文化の交流になっていったのです。役者たちは関係なしにいいものをただやり続けているだけのように見えますが、やがてそうではない結果を生むようになります。文化が経済効果で測られるようになってから、日本の文化が海外で紹介される時には、より市場の大きいサブカルチャーが紹介されるようになっていきました。その一方で、伝統芸術は、どんどん出番が少なくなっていったのでした。そのような時代を、リアルタイムに

フェール城

肌身で感じる経験をしてきました。

「能、それは何者かの到来である」と名言を残したのは、フランスの劇作家で詩人のポール・クローデルでした。観阿弥生誕六八〇年、世阿弥生誕六五〇年の二〇一三年に、彼の生まれ故郷であるフェール・アン・タルドノアにあるフェール城で、能楽公演をさせていただきました。日本人として、ぜひともやる必要があるのではないかと考え、思いを巡らせた結果、能楽「翁」の誕生の地でもある多武峰で続けてきた「談山能」を開催しようと、観世宗家や梅若玄祥先生をはじめとする一行で、かの地に参りました。現地には、談山神社に古くから伝わる赤鬼の面を持参し、演目としてその面を使用した「土蜘蛛」の他、「翁」「融《とおる》」「羽衣」を上演しました。

フェール城には、このフランス公演にお越しいただいた京都・相国寺の有馬頼底管長猊下が寄贈してくださった百本の桜の木と共に、フェール城主のルシャール・ブリア氏の発案で桜の木が約千本植えられており、あと十年もすれば必ずや桜の名所となって、桜の功徳である人を集めるという役割を果たしてくれると思います。能の誕生の地・奈良からフランスへ渡り、能が成立した十五世紀の城跡で上演出来たことは、後世の人に何かメッセージが残せたものと信じています。

今こそ、文化倍増政策を

フランスが面白いと思ったのは、ミッテラン大統領にしろ、シラク首相にしろ、文化大臣を経験してないとトップにはなれなかったということです。

大航海時代は植民地政策による産業で国の富を集めたのに対して、近代のヨーロッパ、特にフランスは産業だけでなく、文化面《ソフト》でも富を集めました。一九六〇年代にはボサノバが流行りました。八〇年代にはランバダとブラジルの音楽をヨーロッパで流行らせて、文化的富を得たといったことが例としてあげられます。

絵画の世界では、十九世紀に画家たちに対して「パリに住めば作品を物納することで税制面での優遇措置をとる」といった特権を与えました。シャガール、ピカソ、ダリなど、ヨーロッパの名だたる画家たちがパリに集って絵画の一大ブームを起こし、その作品を物納することで、パリの美術館は素晴らしい作品の宝庫となったのです。そして、画家たちは終焉の地をパリで迎えることにより、ヨーロッパ各地で生まれたにも関わらず、フランス在住の画家として永遠に名を残すことになりました。今も芸術家が活動しやすい環境を持つパリの話です。

この環境を、能楽界に置き換えて考えてみたいと思います。ユネスコの世界無形文化遺産にも登録され、世界的な評価が高まる能楽のプロが、能楽の故郷である奈良に住めば、能楽に対する税の控除が得られるというのはどうでしょうか。その代わり、奈良で能の主要な活動をして、世界への発信をきちんとすることが義務づけられる。また、古典作品を継承するだけでなく、世界のあらゆる物語を能楽作品として新たに制作して上演し、後世に残す活動をする。それら新たな作品も、世界に通用する芸術作品としてオリンピックのように四年に一度くらい優秀な作品を世界に発信する。そんな文化政策は如何でしょうか。

さらに、パリの芸術家が行ったような「物納」を、我々の世界に置き換えてみましょう。さすがに税務署の窓口で「ポンポン」と鼓を演奏し「今年の分の税です」というわけにはいかないでしょうから、たとえば「納税公演」することで、舞台活動に必要な稽古場などのハード面の維持と、ソフト面での育成、保全などに関する文化育成控除のようなものが考えられないものかと。

能楽だけを優遇するわけにはいかない、と批判を受けるかもしれません。しかし、能楽はあらゆる芸術を集結させた総合芸術の面を有しています。能楽とそれに関わる芸術が盛んになることは、文化を育成する土壌が再び築かれるということであり、地方創生が叫ばれる今、決して無茶な政策ではないと思います。

さらにいえば、能楽団体が法人化する際に、社団や財団といった既存の組織にあてはめるのではなく、芸能法人のような法人が設立出来るように働きかけることが出来ないかとも考えています

海外でも、日本文化倍増政策は有効

現在、全国四十七都道府県に市民会館やオペラハウスもどきの建物が当然のように建てられていますが、それなら、世界五大陸に総合和文化施設を造ったらどうだろうか、などということも常々考えています。

国内で海外の文化を楽しめるのはよいことですが、同時に、日本の文化を世界に知っていただくことも、文化戦略として有効ではないかと思うからです。たとえば、木造の日本の和文化発信基地が五大陸にあるというのはどうでしょうか。夢は広がります。

バブル期の一九九〇年、日本企業がアメリカのMCAを買収したことがあります。当時約六十一億ドル（約七千八百億円）だったでしょうか、バブル時代です。その時の企業の説明が忘れられません。「日本にはソフトがない。アメリカのエンターテイメントのソフトを活用して、自社のハードで楽しませるためにジュラシックパークなどで注目を浴びたUSJのソフトがよいと思い買収した」。日本にソフトがないなんてことを一流企業が言ってしまってよいのでしょうか。この資金があれば、和文化を紹介する施設を五大陸に造っても十分お釣りがくるのに、と残念でなりません。

三十年も前のことになりますが、当時の在フランス日本国大使館の広報文化室には、茶道の立礼セットが置いてあるだけで、能のビデオもありませんでした。担当の方も「伝統文化は門外漢」というようなことを挨拶の中で平気でおっしゃられたことがあり、大変ショックを受けました。文化を発信する現場の人間がそのものを知らないというのは、何か非常に象徴的な話だと思いました。

その後に建設された本格的な茶室を設えたパリ日本文化会館では改善されたように見えました。しかし、「翁」を上演しに行きましたが、ステージは講堂であり、とてもブルーノタウトが感激したような日本美を湛える空間ではありませんでした。「綺麗」ということは、「美しさと清潔である」とタウトは語っています。日本のそのような精神を具現化した文化会館ではないことに対し、文化行政について残念な思いが深まるばかりでした。

自分が生きている間に、何とか、真の和文化の発信基地が出来ればと願っています。そのためには、今の豊かな日本文化の根底を作った室町文化をもとに立ち上げるのが得策ではないかと思っています。世界に日本文化の発信拠点を。ぜひ実現したいものです。

今、着物を着る意味を問う

かつて大阪・船場島之内が呉服問屋で成り立っていたのがダメになり、京都では西陣がダメになっていきました。子どもの頃に母に連れて行かれた呉服屋さんの番頭さんたちがスーツの上に半纏《はんてん》を着て着物を売っているのを見て、違和感を覚えたのを思い出します。これで本当に着物が売れるのか、そんな疑問を持っていましたが、まさしく、そういう時代を迎えてしまいました。

現代社会においては、着物を着ることで、二通りの体験が出来ると思います。

一つは、十六世紀、ヨーロッパに渡ってその街並みを初めて見た天正使節団の気持ち。それは、初めて異国で着物で歩いた彼らの追体験になるということです。

もう一つは、維新も戦争もなく、そのまま着物を着続けて今の現代社会を迎えていたら、どうなっていただろうか、と考える体験になると思います。つまり、もし歴史的な断絶が起こらなかったとしたならば、今私たちの「文化」はどうなっていたのでしょうか。

ぜひ皆さんにも着物を着て街を歩いてほしいと思っています。

島之内の再開発の時に、某大物政治家が、ミナミ（難波）でアメリカ村とヨーロッパ村が成功したから、今度は島之内にスペイン村を造ろうとしていました。世界の方々が日本に和文化を求めて来るのにと、さすがにその時はズッコケました。

たとえば、島之内全体を和文化のアミューズメントパークにしていたら、どんなに素敵だったでしょうか。当時一軒だけ残っていた銭湯を利用し、ここで全員が着物に着替え、紙巻たばこをキセルに替えて、島之内界隈を完璧な着物の街として再生してはどうかと、提案したことがあります。スターバックスや外資系のカフェなどにも協力してもらい、和装の制服を作って着てもらってはどうかというような具体的な提案もしましたが、あえなく却下されてしまいました

また、毎月〝お一日《ついたち》〟は気を引き締めるためにも、行政に携わる方は着物を着て出庁してはどうかと。これも却下されました。しかし今、京都に外国人が着物を着てあふれているのを見ると、日本人がいかに日本のよさをわかっていないかということに落胆すると共に、忸怩《じくじ》たる思いでいます。

ちなみに、ヨーロッパで、藤純子（現・富司純子）さんの任侠映画が流行っていた時に、外国人の方から、「サイコロゲームはどこに行けば出来るのだ」と質問を受けた人がいました。合法カジノを作るなら、日本に合法賭場を作るべきだと思います（笑）。もちろん、全員が着物を着て。

能と教養

能楽は料理と同じ

料理は、能楽と似ています。そんなことを言うと驚かれるかもしれません。刺身でもステーキでも、名前は違えど、百年前、二百年前と食材は時代時代の一番美味しいもの、一番美味しい料理法で食べないと、美味しくないですよね。我々役者も、絶えずその時代の生身の人間が、きちんとした技術を身につけていないと、お客さまに美味しい（面白い）と思って観ていただけないと思うのです。

美味しい野菜を作るのと同じように、土作りから始めて、手塩にかけて野菜を育てないと、元気な美味しい野菜の命をいただくことにはなりません。

能楽師も、子どものうちからしっかり勉強させて、育てていかないと、お客さまには面白いと思って観ていただけないと思います。食べるのは一瞬ですが、育てるのは大変時間がかかります。

「精進《しょうじん》」という言葉の反対は、「手を抜く」ということだといいます。精進料理の棚橋俊夫氏から伺ったことです。また、芸術の「藝」という字は、音読みは「げい」ですが、訓読みは「う（植）える」と同義だと聞いて感じ入りました。

同じメニューでも食材は作るたびに異なります。同様に、世阿弥の時代と曲名は同じでも、役者は変わっているのです。

衆人愛敬

お茶でもお花でもそうなのですが、知っていないと恥をかくということがあります。能も同じで、ご覧になる方に恥をかかせたくないなと思っています。「知らなかったから面白くなかった」と言われるのは残念だと思うのです。といって、親切に教えてもらってわかったからいいのかというと、そうではないとも思います。場数を踏んで経験値を上げていくということが、大切だと思います。

「秘すれば花」という世阿弥の言葉の呪縛にかかっているのかも知れませんが、知っているということをひけらかせないことも、大切なことだと思います。

ダンスや音楽などでもそうですが、プロのようにうまい人もいれば、下手でも好きで歌う人もいます。能は舞台芸術として発達した面と、皆が楽しめる生活文化としての両面があります。

プロの芸と、一般の芸。そのどちらもが能なのだと、改めて思います。だからこそ、これから新しく世に出す能、つまり「新作能」などに関わる時は、一度聞いたら一緒に謡いたくなるような謡にしてほしい、などと思ってしまいます。そうして、一緒に謡ってみると、「プロの人はやっぱりめちゃくちゃすごい」と思わせるような役者になっていけたらいいなと思います。

心を育てる、心を伝える

人類は、火を手に入れて以降、文明を発達させて、鉄を使いこなし、機関車を走らせ、ジェット機を飛ばしてミサイルを飛ばして宇宙に行って、さらにリニアモーターカーまで作っています。

人類の歴史は成長していっているように見えます。

しかし、生まれてくる子どもは、絶えずその都度成長するわけです。その都度、心を育てていかないといけません。籔内氏の話を思い出してみてください。子どもは未来の破壊と創造をあわせ持つ存在であるわけで、心を育てることを主眼として、子どもに接することをしないと、誤った方向に進むのではないかと思います。「初心不可忘《しょしんわするべからず》」の新たな解釈ともいえます。

果たして、産業革命以降の文明発達に対して、人類の心はそこまで育っているのでしょうか。〝三・一一〟以降、特に感じるこの頃です。

一九九九年九月三十日、東海村で臨界事故が起こりました。世間ではノストラダムスの予言が流行っていた時です。ウランを扱うようになっても、人の心は十分に育っていないということの顕著な例ではなかったでしょうか。そこから果たして何を学んで、我々は何を伝えようとしているのかを問わなければならない時に来ていると思います。

過去の人間のあやまちをメモリアルとして残して、「翁」のように笑って未来を迎えるという考え方を、今の世の中に根づかせるにはどうすればよいでしょうか。六百年前の人たちが考え、伝えてきたように、今の時代にも伝えなければ、能楽の存在意義がないとさえ思っています。実はこのことが、この本を上梓する気持ちになったきっかけの一つです。

子どもたちの心を大切に育てなければなりません。

能と教育

伝統文化を教育現場に

一九五七年生まれの私の就学期間は、ちょうど欧米化して行く日本の中で、フォーク、ロック、ヒッピー、そして時代はＹＭＯなどのテクノに流れていった時代でした。能楽は伝統文化でありながら、旧体制の堅苦しいチョンマゲの封建社会のイメージと共に、早く忘れたい日本の一部だったといえます。

高校では文化祭に能楽の展示室を設けたり、また大学では演奏会を開催したりしましたが、理解者や仲間はいるものの、多くの人々には本当に相手にしてもらえない状況が続きました。

卒業後も同世代の若い人たちに向けてコンサート公演を開催しましたが、月刊情報誌等に公演情報を掲載依頼に伺って何度交渉しても、古典芸能欄に入れられてしまったのは、これまでも述べたとおりです。ジャンル分けの壁が立ち塞がり、素直に聞いていただきたい一般の音楽好きの目に触れることが出来ませんでした。

二〇〇一年、文化芸術振興基本法が制定され、同年の世界無形文化遺産への傑作宣言などを踏まえて、伝統芸能がその価値を再確認された今日の状況は、何はともあれ有難く、情報発信に関しても大手メディアをはじめとする取り上げられ方に変化が生まれました。

教育に「能」が有効な理由

伝統芸能が教育現場に改めて入り直すには、その目的と役目が明確でなければならないということを痛感しています。最近でこそアウトリーチが自然に取り上げられるようになりましたが、一九七〇年から八〇年代に体験型の能楽・囃子鑑賞会の学内開催の説明に行くと、決まって返ってくる先生の言葉がありました。

「一〇分もじっとしていない子どもたちに能なんか無理です」

「大人でも難しい能なんか子どもにわかるわけがない」

このような先生に対して「能なんか症」という病名をつけて、そんな大人にならないために、子どもの内から伝統文化に触れて、生活文化として出合っていただきたいとの強い想いで、実際の体験授業を行っています。

子どもたちは、ピアノやリコーダーは既に見慣れているのに対して、笛や小鼓を用意し出すと、珍しそうに集まり、楽しそうに体験をして、授業が終わっても「イヤー　ポン」などと真似をしながら帰って行きます。これを見て先生方は、大人と子どもの視点の違いを認め、初めて色眼鏡を外してくださいます。

このように、現場の先生方のご理解と、普段は能舞台で能楽を上演するプロの人たちが、次の世代に伝える情熱を持ってこの現場に立ち向かわなくてはなりません。この両者が噛《か》み合わないと、よい結果には結びつかないといえます。

さて、数ある伝統芸能の中でなぜ能楽を取り上げるのか？　という疑問を持たれる方があると思います。日本の三大文化として、お茶、お花、お能があげられます。三大芸能に能、歌舞伎、文楽と言われていたのですが、いつの頃からか能楽が難しいからと外され始めたことがあります。芸能文化史を教えられる先生がいなくなったことが主な原因ですが、歴史的にも芸術的にも、能楽はまぎれもなく、心を育てる日本文化の柱であるといえます。

我田引水と思われるかもしれませんが、古代から伝わる様々な農耕芸能、幾世代にも亘り、様々な民族、宗教が持ち込んだあらゆる文化が繋がり、祭と芸能が混然一体化して行く中で、そこで起こった様々な事件やエピソードを後世に伝える芸能が能楽です。

次頁から、実例をあげて、教育に能がいかに貢献出来るかについて、お話ししょう。

日本の近代化教育に貢献した能楽

十四世紀に、観阿弥・世阿弥という、猿楽の親子芸能者が、室町幕府の庇護《ひご》を受けるという一大転換が起こりました。二条良基などに英才教育を受けた世阿弥が王朝文学を大きく取り入れ、貴人から一般大衆まで、広く愛される「衆人愛敬」の芸能として洗練させ、大成させたのが、今に伝わる「能楽」です。

平安王朝の貴族が嗜んだ雅楽に代わり、武家の嗜みとして愛された能楽は、徳川時代には式楽に制定され、参勤交代と共に武力から文化へのシフトが実施され、全国の大名、小名に広がりました。

中でも、カラオケのように謡う「謡曲」は、印刷技術の発達と共に江戸時代中期には全国の庄屋や大店商人の間にまで広まり、明治維新を迎える頃には、その副産物として民衆の文盲率が驚くほど低かったことはすでに述べました。そのために、維新以降の東京では、方言では通じない言葉に代わって、全国に浸透していた謡曲文と同じ文語体を共通語として使うことによって、コミュニケーションを取ることが出来ました。また、新聞などもこれを用いたことで全国に情報が伝わりました。能楽は、日本の近代化に大いに貢献したのです。

さらに、この能楽をもとに様々なバリエーションの芸能が生まれたことも特筆に値すると思います。

能「羽衣」を読み解く

静岡の学校に行くと、能「羽衣」の話をいたします。「羽衣」は、今の静岡県三保の松原で起こった古代の一つの事件が素材になっています。これが伝説化して脚色され、台本が纏《まと》められて能に成ったのは、おそらく観阿弥が駿河の浅間神社において客死する十四世紀頃ではないかと思われます。

「羽衣」のストーリーは、どなたも朧《おぼろ》げながらご存知かと思いますが、その意味するところを考えられたことがあるでしょうか。天気がよければ漁に出て日銭を稼ぐ海の民と、絹文化を伝える民族が海辺で出会った「異文化の出会い」のエピソードとして読み直すと、スピルバーグの映画「E.T.」にも通じる古代からのメッセージが立ち上がって来ます。

この時の二つの文化は、争わずに互いに少しの気遣いを見せたことにより、静岡の地に素晴らしい文化が生まれ育ち、伝えられたということを読み取ることが出来るでしょう。

静岡のことを「駿河《するが》」と言いますが、インドネシアの方では「スルガ」という言葉に「天国」という意味があるそうです。「東遊の駿河舞、この時や始めなるらん」と謡われる文意を、そういう時代背景を踏まえた「民族融合」のメモリアルメッセージ作品として見直すことが大切ではないかと思います。

耳から学んでみる～静岡県の取り組みから

静岡県では試験的に、「門前の小僧、養成プログラム」とでもいえるプログラム事業に取り組んでおられます。これは、一般的に難しいとされる「謡曲」を、耳から自然に入れてみるという計画です。音楽の授業や、お昼休みに必ず謡曲の「羽衣」のキリをスピーカーから流します。これを五、六回、繰り返した後に生徒たちに謡わせると、鼻歌のようではありますが、謡うことが出来るようになります。その後に、プロの謡の先生に謡曲を指導していただくと、短時間の指導で驚くほど上手くなり、声も出るようになります。そしてこの時、「人から教わることの大切さ」を体感することになります。これを実行することによって、これまで聞いたことのない他の謡の文句までもが、自然に聞こえるようになります。

校内放送で謡曲を流すことに対して「え？」と驚く方もおられるでしょう。しかし、アニメの主題歌が放送で流されているのに、なぜ、謡曲を流してはいけないのでしょうか。クラシック音楽ならばよいのでしょうか。まずはそういった大人の「先入観」を外さなくてはなりません。

稽古風景（写真：大道雪代）

稽古をつけるということ

授業でプロの先生がいらして能を教える時には、背筋を伸ばした挨拶の仕方と稽古の意味から教えます。ポイントは、自分から「教えを乞うための挨拶」として「よろしくお願いします」、また「先輩が暫《しば》し私のために指導をつけてくださったことに対する感謝」の言葉として「有難う御座いました」を、自分自身で発することの大切さです。この大前提が重要です。

「命には終わりあり、能には果てあるべからず」という世阿弥の言葉があります。我々能楽師は、死ぬまで勉強を続けます。能楽師は、富士山のような立派で大きく深い山を共に登る仲間といえます。後輩から頼まれれば、その時は後ろを振り返って指導する。指導が終わればまた、頂上を目指して前に進む仲間たちなのです。優しそうな山ほど危険が潜んでいて、一歩間違えば命を落とすかもしれません。そのため、教える方も習う方も、必死で教え教わるので、愛の鞭として鉄拳が飛ぶこともあるかもしれません。ここの信頼関係がなければ、師弟関係としての稽古は成り立たないし、意味がありません。今は虐待に結びつくというので手を上げることはしませんが、私は父親に十二歳から二十歳迄、稽古で引っ叩かれました。自分が失敗すれば叩かれるのは当たり前で、失敗する自分に嫌気がさしても、叱ってくれたことに対しては感謝の念が今もあります。

楽器は「お道具」

大量生産されたハーモニカ、リコーダーなどが教育の現場で粗末に扱われているのが残念です。能楽で使用する小鼓や笛などは代々大切に使用され、数百年に亘り受け継がれてきました。小鼓に関していえば、新調された革は硬くてよい音がしません。数十年に亘って打ち込むことによって初めて、柔らかくてハリのある「ポン」という音が生まれます。そのために、楽器といわずに「お道具」として尊敬語をつけて呼び習わし、大切に使われているのです。そのお道具を「お借りして」稽古を受け、舞台に上がることは、先人たちと今の私が舞台を共にしているのであって、決して一人の力で舞台を勤めているのではないということを、忘れてはならないのです。

これを、大量生産品のリコーダーに当てはめるなら、本来、木管や象牙《ぞうげ》などで製作されたリコーダーは、作り直しが出来ないということがあります。寸分狂わぬ単位で穴を何処に開ければ十二音階が出るのかということを考えた先人がいるのです。楽器一つ一つが先人の大変な努力の結果生まれていることを、先ずは楽器製作などの総合学習と連携して、頭でわかったつもりにさせるのではなく、そのことを体験させる工夫が必要と思います。

稽古に際してもう一つ大事なことがあります。今の子どもたちは正座をすることに慣れていません。正座の仕方、そのための立ち居振る舞いを一緒に指導することが大切です。少しコツを伝えるだけで、子どもたちの姿は美しくなり、姿勢を正すということの本当の意味を体感します。

厳しくされすぎたために感情を素直に出して来ない生徒も困りますが、暴れて大変な学校も何度か経験しました。大鼓は、小鼓と違って、打つ方の手が大変痛く、誰でも悲鳴を上げます。日頃、怖い先生が大鼓体験で痛がっているのを見ると、子どもたちは興味を向けます。子どもたち、いや人としての素直な感情をまず引き出すことが肝要だと思います。

静岡県では、毎年三保の松原で開催される薪能の「羽衣」に子どもたちを招待しています。最初の内は、その子どもたちは授業で習った「羽衣」の筋を追うだけなのですが、覚えている謡の部分に来ると、舞台に血が通い、全身に鳥肌が立ったなどの効果が現れて来ています。能楽の技術を伝えて満足するのではなく、作品が作られた背景、時代、そして現代の私たちを繋ぐ先祖の想いを身に受けた時、初めて伝統芸能としての使命が果たせるのだと思います。

能に込められたメッセージ

能は、読み込めば読み込むほど深いテーマとメッセージが込められていることに気づきます。

「羽衣」を例に上げますと、衣を返してもらったお礼に天女は舞を舞いますが、その時に「南無帰命月天子《なむきみょうがってんし》、本地大勢至《ほんぢだいせいし》」と謡います。これは、「月天子様という神道系の月に対する呼び名は、仏教では大勢至菩薩である」という意味ですが、神様も仏様も、水を波と呼び変えるように、呼び方が違うだけなのだよと、月に住む天女が違う民族の人々に説いているという、大変重要な場面なのです。

この場面に続く、「天津《あまつ》御空《みそら》の緑の衣」も「春立つ霞の衣」も自然の姿がそのまま舞の手本であり、人の生きるべき姿なのだと、人類の普遍的な価値観を強調しており、見る人に自然の大切さを気づかせるための仕掛けとなっています。

世阿弥が説いた「秘すれば花、秘さざれば花なるべからず」という言葉があります。大変素晴らしい言葉ですが、それがためか、なるべくこれらの「驚き」を説明してわからせるということはせず、自分自身の体験で感じ取って驚いて、感激して欲しいと考えられてきました。しかしながら、現代の説明過剰の娯楽の前には、能はあえなく相手にされなくなっているのが現状です。

「能は難しい」ということ

やはり能は難しい。勿論《もちろん》です。しかしながら、そのことにこそ気づき、さらに深めようと志す人と心を育てるのが、教育の現場であり、先人からの本当の文化継承であるべきです。

私たちは完璧ではありません。先述したように、山登りにたとえれば、能楽という、崖もあれば谷もある山を登っている登山者です。

この文章を読んでいただいている皆様の中には、教育熱心で、少なくとも能を一度や二度は勉強し、また子どもたちにも指導してくださっている方々もおられることと思います。私たちは、書物に書いていることも大切ですが、実際に稽古を通して共有出来なければ、舞台の成果は上がりません。それを乗り越えるには、体験を踏まえた稽古を繰り返すしかありません。

これを読まれている読者の皆様、その場で「小鼓」の持ち方、構え方をしてみてください。すぐに出来た皆様は、体験を通して実際に持ったことのある人ですね。出来なかった方は、これまでに画像や絵で見て、すでにわかったつもりになっていませんでしたか？　見たり、聞いたりすることで満足しないで、ぜひ触れて欲しいと思います。体験をもとに、自分の言葉を持っていただきたいのです。これが一番大事なことなのかもしれません。

ジャンルを超えて協力すべき時

さて、教育現場に能楽師を招くには、どうすればよいのでしょうか。もしかしたら、能楽に限らず、伝統芸能は「やりにくい」と思っている方も多いのではないでしょうか。伝統の世界には、ある種の縄張り意識があり、トラブルを経験された話を聞いたことがある方も多いと聞きます。また「そんなことも知らないのか」というような態度をとられたということも耳にします。

もちろん、多くの伝統芸能関係者は、一人でも多くの人にそのよさを体験して欲しいという悲壮な想いで真摯に向きあっている人がほとんどだと思います。先ほどの縄張り意識のようなものは、テリトリーとして生活補償がされていた座付き制度や、封建社会の考え方の、ある種の負の遺産を引き継いでいるためなのだと考えられます。

今は、何万人も生活する市町村でも能楽人口が少なくなっています。流儀、派閥、教育、娯楽のジャンルを超えて、能楽を含めた日本文化自体を取り戻せるかどうかの瀬戸際に立たされているということを、教育現場の先生方も、そこに参加する能楽師自身も共に認識し、協力をしなければならない時代だと思います。

能の広がり

能が世界の演劇になしうること

芸能は本来、神仏に捧げる「奉納」でした。しかし、今は人に対して見せる場のほうが圧倒的に多くなっています。ですから、私たちが今この能をなぜ皆さんに見せたいのかという強い思いが、大事になってきているのだと思います。

このことには、観てくださる方が、日本人であるかどうかということは関係ないと思います。というのは、お客様も演者も共に育っていくという意味だからです。お客様の希望で、こういう能を見たいというのに対して、こちら側が応えて受け入れるというのももちろん大事なことですが、そればかりをやっていると、やはりダメなわけです。

能も、いわゆるエンターテイメント化へとどんどん傾いてきましたが、やはりそれは、演者と客との間のキャッチボールとしては不十分だと思うのです。逆に言うと、現行二百四十曲というレパートリーの中で、「今の人たちにこの能をどうしても見ていただきたい」「何かここでメッセージを受け取っていただきたい」というエネルギーが非常に重要なのだと思います。

なぜ六百年前に、あるいは五百年前に、日本人の先祖がこういう能というものを、あるいはこのような作品を残したかということです。たとえば、現代のヨーロッパの人に見てもらうことによって、メッセージが伝わるか伝わらないか、というようなこともちゃんとやらないといけないなと思うのです。
能の作品の中で、そういうことをもう一回読み込みながら現代に伝えていくということが大切なのだと思います。現代の役者が、取り組んで行くという場面をちゃんと見せる、向き合っている場面を示すことによって、能は広がっていく可能性がまだまだあると思います。

リチャード・エマート氏が続けている活動のように、ヨーロッパでケルトの人たちとキリスト教が融和されて、今日の素敵な北欧が作られたというようなことを、能にして上演出来るのではないでしょうか。逆にそういうことを提案して、向こうの劇団がそれを自分たちのシステムで上演するとか。これは、能が江戸時代に文楽や歌舞伎を生み出したように世界の演劇に与える一つの影響にもなると思います。ですから、能の影響の与え方というのは、色々な形でまだまだ可能性はあるなと思います。

新しいものはどこから生まれるか

一つの作品を演じるにも作るにも、新しいもの、絶えず面白いものにしたいと心掛けています。そのためには、自分と違う考え方の人や、違うシステムで育っている人と対話するのがよいと思います。そんな方と一緒に面白いと思える状況を作っていけたなら、そこで新しいものが自然に生まれてくると思います。ですから、あいつらは考え方が違っているからダメというふうにしたら、もうそこで終わってしまいますし、力関係で物事が決まってしまうのはよくないと思います。たとえば、ヨーロッパで上演した「ネキア」の時も、現地のマルマリノスという方が、色々とこちらへ注文を出してくるわけです。それで「無理だねー」とか言うだけでなく、「あ、それはこうしたら出来るかもしれない」とか、その対話が非常に重要で、作品には十分に生かされたと思います。

プロデューサーやディレクターと呼ばれる人は、そこに参加する人の能力を最大限に引き出す能力を持つ人だと、面白い結果が出てきます。いわゆる、猛獣使いですね。方法論は色々とあるかと思います。喧嘩腰で参加する人の反発力を利用して特殊な世界を作り出そうとする方や、何もせずに演者が動かざるを得なくなり出来上がっていくということもあるでしょう。実際何が上手く作用するかは、全て結果をご覧になるお客様の判断といえます。

コラボ公演における大事なこと

「コラボレーション企画」は殆どお断りすることが多いのですが、このたびダンスの公演で鼓を打たせていただくことになりました。演出や振付けがイタリア人なのですが、彼の目のつけどころが面白いのは、数年前から能を見続けて「翁」「修羅」「羽衣」に興味を示したことです。ダンスのタイトルは「左右左《さゆうさ》」といい、「羽衣」の謡の一節の「左右左、左右颯々《さっさつ》の」にもある、舞を始める時の動作の基本です。そのイタリア人は、「舞を舞い始める起源というものをこの作品で出したい、どうしても今回作りたい」というのです。

それから、作品として子どもが一つのキーワードとなっています。子どもの育て方を間違えると修羅に落ちる。それでは平和には繋がらないわけです。そういったところをテーマにするというので、参加することに決めました。

人間の根源的な部分として、大人になると、サン＝テグジュペリではないですが、大人も子どもだったことを忘れてしまうのです。それで子どもの育て方を間違えることが多いわけです。そういうことに気づかせるための作品を、演じ、見ていただくことが、これから非常に大事だろうと思います。

イタリア人が能に影響を受けてこのような作品を作りたいと思う時代が来ているのです。日本人もおちおちとしてはいられません。

能楽堂を世界五大都市に

日本の文化行政として、私は世界中に能楽堂を造るべきだと思っています。世界に出て行って活躍している日本人のためにも、能楽の発信基地を世界五大都市くらいには作らないとダメだと思っているのです。それがダメならば、移動式の能舞台を持って世界中をキャラバンするというようなことが、日本の文化発信としてやらなければダメだと考えています。

国がダメとすれば、ぜひ奈良県にやってほしいと思っています。奈良で作った能がもうすでに日本全国に行き渡っているということは、次は世界を巡る番だからです。奈良県の能楽団を作って、移動式のキャラバンの能舞台を作り、全世界、五大陸で開催するというのはどうでしょうか。

出し物は能の源流の「翁」であったり、「羽衣」であったり、そういう根本的な曲を奈良県がカンパニーを作って全世界を巡るとかね。そこで、日本で作られた能に、どういう意味があるのかをきちんと発信出来れば、これは文化行政としてものすごくプラスになると思います。

世界中で観に来られた人に「これが出来た奈良に来てちょうだいね」といえば、往復でプラスになります。そういう、出て行くことと引き込むこととを、どちらも絶えずやらないといけないと思います。

シェイクスピアの劇が普及したのは、世界に英語が広がったことも要因だと思うのです。シェイクスピアの劇が広がったことによって、皆さん、ロンドンへ行った時にはシェイクスピアの芝居を見たり、彼の生まれた故郷へ行ったりするわけですよね。

ですから、そういうきっかけ作りを、今こそ文化行政として始めて、次のステップへ行かないといけないよなと。どなたか奈良の知事にお願いしてください。

問　東京や京都の街中になく、奈良に居るもの。
答　左記。
奈良公園の鹿は、自然との共生に対し大きな気づきを与えてくれる

姫路城

和の建築で和の文化発信を

能楽堂ではなく、お寺や神社など、能楽のお話の舞台ともなっているような現場で奉納することも、大変重要と思います。

また、日本家屋がどんどんなくなり、マンションになっています。すると、明治・大正生まれの日本人の生活を続けた人がいなくなって、子どもの頃から洋服を着て育っている世代が、今や、日本人として歩くようになってしまいました。着物は特別な時に着るものとなり、着物の文化は消えてしまいました。そのような中で、唯一の砦《とりで》が、神社仏閣や町家などの和建築であろうと思うのです。

神社仏閣も、最近は鉄筋コンクリートに変わり、ビルと化したところも多いですね。小田原城のように、鉄筋で建ててしまったお城をもう一度壊して、木造に建て直そうという動きも起こっています。大阪の四天王寺の場合、本来金剛組という日本最古の建築会社が木造で建てたかったのに、戦後で建築資材が揃わなかったり、防災面などで、結局、鉄筋コンクリートになってしまいました。後に四天王寺も木造で作り直そうよという声があがるのですが。大阪城も同様です。この二つの建物は、戦後まもなくの鉄筋コンクリートで、今や、コンクリート建築としての価値が高まってしまっているわけです。

神社仏閣は和の文化の発信基地になってもらわないと困ると思います。

歴史の折り返し地点として

「自分は能の歴史の折り返し地点と思え」

これは、若い頃に「やりたいことがあればどんどん実行しなさい、何かあったら面倒見てあげるから」と応援してくださった、観世流シテ方で叔父に当たる上田照也という方が、口癖のように話されていた言葉です。

五百年続いたものは五百年続けるつもりでいないとダメだ、ということなのでしょうか。一人一人がものすごく一所懸命にやることの連続で、歴史が繋がっていくのです。自分のモチベーションとしてはそういうつもりで自分がここに立っていないとダメになるのだと、戒められたのだと思います。

逆に、折り返しということには、五百年前を見るということも必要です。

五百年前の人は、能が未だにこんなに楽しまれているとは夢にも思ってないかもしれませんね。まして、能で五百年ですが、雅楽では千五百年前に、主権争いをしていた唐人と高麗人たちが、日本で戦争していたのを、そういう争いをやめる工夫を取り入れたことによって、日本では唐楽と高麗楽としてどちらも残って仲良くやっているわけです。これを千五百年前の蘇我氏や物部氏が知ったらどう思うのかな、と想像すると面白いですよね。今の世界の紛争なんてくだらないですよ。そのことに早く気がついて欲しいですよね。お隣の国と、なんやかんやと

「風の能」のチラシ　デザイン：新宮晋

すぐヘイトスピーチするといったことがニュースになっていますが、そんなこと早くやめてねと思います。

韓国公演の際に、偶々ホテルの近くに建つ七九四年創建の奉恩寺を訪ね、八世紀に法相文化圏が日本、半島で相当大きな広がりを持っていたことを知り、驚きました。また、十四、十五世紀の朝鮮王朝の廃仏運動で日本へ帰化した仏教徒が多くいて、日本の文化に少なからず影響を与えたことも知りました。

とにかく文化の根っこでみんなが話し合えるようになって、身の回りのものを大事にしていく、それが自然を汚さないことであったり、人間が人間として地球に居続けるにはどうしたらいいかを考えて、あらゆる発想のもとに取り組まないとですよね。

新宮晋氏という、風の彫刻を作っておられる方が、「風というのは目に見えない。自分の作品は風に吹かれることによって揺れてその存在感を出す。だからそこに重要なものがあるということに気づかせる作品なのだ」ということをおっしゃいます。そして、「人が人であることを、人であり続けて地球に居続けるという意味を、ちゃんと第一に考えるような人が増えないといけないな」ということをおっしゃいます。そういう考え方は能をやる上で非常に刺激になりますね。

改めて能楽の原点へ

仏教伝来の六世紀以来、大化改新（六四五年）を経て、壬申の乱（六七二年）まで激しい民族抗争の場となった奈良の地に平城宮が誕生します（七一〇年）。その造営までの三十八年間、田畑が守られ、豊かな実りの中で延べにして三十万人といわれる人々が平和に暮らし、建造に関わらなければ、平城宮大極殿と興福寺、春日大社を始めとする神仏習合の理想的な巨大都市は生まれなかったと思います。

産業革命による機械化までは、一人が一日で一反（三百坪）の田植えをしていました。一反からは一石（大人が一年に食べる量）から二石半のお米が穫《と》れるそうですが、広い水田に三十日間毎日一人で田植えなど出来そうもありません。「田」という字の真ん中に音楽隊が一組、囃子を奏で、横一列に並んだ早乙女が心を合わせて田植えをし、労苦を少しでも楽しくするための工夫が「三番叟」のリズムです。田植えの足使いには、四拍子で鼓舞という文字の如くに鼓が拍子を取ります。そして、四拍子の田植え歌を元にした様々な歌謡が各地で発達しました。三十万人分の田畑を田植えする光景を想像してください。この労苦を忘れないために、舞台芸術化された舞踊曲が「三番叟」ともいえるのです。

倭の国が民族融合の果てに「大和」となったことを忘れないために創られた大切な舞台として「翁」「三番叟」は毎年年始の国会で上演するべきと念じています。

DNAに届くもの

小鼓の体験では三番叟の単純な四拍子のリズムを打ってもらいます。少人数の時は実際に鼓を持ってもらいますが、多人数の時は私の鼓に合わせて「エアー鼓」（打つ真似をする）で一緒に演奏してもらいます。合奏する楽しさは田植えをしたくなるような身体の反応が証明してくれます。農耕民族として永年田植えに従事した身体に遺《のこ》るDNAが騒ぐのかもしれません。

田植え機やコンバインなどの機械化が本格的に進むのは、昭和三十年頃からです。全ての農作業を人力で行っていた先人の労苦を思い、自然への畏敬《いけい》を忘れないためにも、全ての演技を人力で表現する伝統芸能の能楽の世界を実際に体験していただくことによって、忘れてはいけない人と自然の関係を子どものうちから植えつけることが何より大切なことかと考えます。

小鼓体験を通して、他にも伝えたいことはたくさんあります。たとえば、能楽の「老松」に取り入れられた詠み人知らずの歌を国歌「君が代」に採用されたエピソードなど、能の様々な曲には古代からの隠されたメッセージや先人からの強い念いがたくさん込められています。

このダヴィンチコードならぬ観阿弥・世阿弥コードを読み取る楽しさを、是非能楽を見て聞いて、心で感じていただければと思います。

能楽をもう一度、生活文化に

本書では、問われるまま、思いつくままにお話を進めさせていただきました。能楽の魅力が多岐に亘るものであり、一言では説明出来ない奥深さと幅の広さを兼ね備えていることはおわかりいただけたことと思います。

二十歳の時に、神沢創作舞踊研究所の音楽舞踊劇「メディア」に参加させていただきました。その時に、神沢和夫氏と夜な夜な現代における能楽の普遍的価値について語り合ったことが、私の活動の一つの原点であると思い起こされます。

沖縄には、保護するべき民族芸能が登録上二千種もあり、「組踊《くみおどり》」を保護するとしても、何のどういう技術を保護するのかについての特定が難しいと伺いました。日本には各時代に様々な文化が発達し、ことに伝統芸能の分野では雅楽、能楽、文楽、歌舞伎、日本舞踊の他、各地域の舞踊や祭など、あまりにも保護するべき対象が多くあり、拾捨が出来ません。また、奈良県の行政に関わる方とお話をしますと、古代遺跡の発掘調査からみても、保護し、また啓発するべき文化（相撲、仏教公伝など）がありすぎるとのことでした。そうしたことから、たとえば、私が能楽もお願いしますと訴えたとしても、能楽だけを保護、啓発することは出来ないといわれます。

もっともだと思います。そして、能楽だけを庇《かば》って貰いたいと思うのはエゴなのかもしれません。しかし、客観的にみても、日本の歴史教育の現場では、能楽の果たしてきた役割がきちんと教えられていないのではないかと思うことが多々あります。能楽は、中世という時代に、政治の荒波に揉まれながらも、それまでの歴史や宗教、自然観など日本人のあらゆる心象をまとめあげて、奇跡的に一つの形になった芸能だと思います。これが六百年もの間、伝えられてきたこともまた、一つの奇跡なのではないかと、私自身、思うことがあります。

そしてまた、能楽が総合芸術として、様々な分野に影響を与えてきたことは、歴史が証明しているところです。能楽が中世に生まれたがために発生した、様々な芸術的分野があり、それらが多岐に亘ることについて、その周知があまりにも疎かになっていると思えてなりません。

たとえば、日本を代表する芸術潮流である「琳派」が生まれた背景に能楽があったことは、琳派四百年の二〇一五年に京都で開催され話題になった「琳派展」開催までは、ほとんど知られていませんでした。シンポジウムや専門家の研究と努力によって、初めて一般の人にもそのことが知られるようになったのは救いでした。そして、その琳派意匠は、着物や器など、日本の生活文化に入り込み、日本人の美意識を育んできました。すなわち、私たちの生活文化の中には、今なおしっかりと、能楽の文化が息づいているのです。しかしながら、そのことを自覚しないままに、「能楽は難しい」「能楽は庶民とはかけはなれている」と言われ、遠ざけられることは、勿体ないことではないかと思うのです。

なぜ、他の伝統芸術ではなく、あるいはそれと共に、能楽が大事だといえるのか。それは、能楽から派生した多くの芸術文化も失われつつある今、一つの根源でもある能楽が息を吹き返すことにより、他のすべてのジャンルの文化もまた、同時にエネルギーを得ることになるからです。

伝統芸術を大切にしよう！　と声を上げてくださる方々に、今一度、生活の中に能楽を取り戻すことが近道だということをお伝えしたいと思います。能楽を取り戻せば、あっという間に保護対象になっている殆どの分野が息を吹き返すことを知っていただきたいと思います。

私を例に挙げるならば、能楽を学べば学ぶほど、自身の浅学非才を知ることになりました。この本を出版することは、私自身の恥をさらすことに他なりません。能楽が、説明や宣伝をしないのは、世阿弥の「秘すれば花」という呪縛から逃れられないことにあります。しかし、同時に、当たり前のように、身近に能楽があった時代のそのような慣習を、未だに信じている私たちの責任でもあります。

なぜ、能楽を滅ぼしてはいけないのでしょうか？　なぜ、能楽を伝え、そして創り続けなければいけないのでしょうか？　その要因を正確に語る熱い念いを、これからの人は持たなくてはならないと思います。

あとがき

能楽は心を伝えます。

そこには真実もあり、事実もあり、嘘もあれば、ロマンもあります。関わる人全員に夢を与える能楽は、それら全てが大きな魅力なのだといえます。

人がいて、事件が起こり、事実、真実、嘘が伝えられ、伝承、伝説が広がったものが、ある時、脚色され、戯曲となり、能楽という様式に纏められ、今もって能楽二百四十曲が伝えられています。

作者は何を伝えるためにそれを書き残したのか？　また、そこから時代に即して何を読み取るのか？　私たち能楽師は、現代の人たちにこの作品を通して何を問いたいのか？

一番一番あだやおろそかに勤めるわけにはいかない表現者としての責任が、今の私たちにはあると思います。

また、近年の自然災害の中で、能楽の鎮魂の役目も大きな要素として見直されたことは、素晴らしいことと思っています。輪廻転生の世の中で、今年は祖父十三世大倉長右衛門宣朝の五十回忌、父十五世大倉長十郎宣喜の三十三回忌の年回にあたりながら、倅《せがれ》が祝言曲「岩船」にて初能を被かせていただくことが、それを表しているといえます。

還暦を迎え、父を亡くしてからのほうが長くなりました。「朝長《ともなが》」の謡にありますように「一切の男子をば生生の父と頼み、萬の女人をば生生の母と」思い、過ごしてまいりましたが、本当に多くの方々の支えがあって、今日を迎えることが出来た、と感謝の日々を送っています。

本書の上梓に際して、内容のもととなった講座を開催していただいた京都・有斐斎弘道館の皆様、膨大かつ煩雑な作業を抜群のチームワークで昼夜の労を厭わずに進めてくださった編集スタッフの生田ケイ子様、濱崎加奈子様、原瑠璃彦様、その総まとめを行ってくださった淡交社の河村尚子様、そして、画像提供を快くお引き受けいただきました写真家の方々、出演者の皆様、ご協力者各位に深く御礼を申し上げる次第です。

最後に、本書企画のきっかけにも深く関わる「談山能」の立ち上げに際し、真剣に話を聴いてご協力をいただいた観世宗家をはじめとする談山能実行委員会の皆様、それを支えてくださいました加藤精一様、三代子様ご夫妻に、重ねて御礼を申し上げさせていただき、筆をおきたいと思います。

二〇一七年八月吉日

大倉源次郎

謝辞

※本書の出版に際し、ご協力頂きました方々に、
名前を明記し、御礼申し上げます。（敬称略・五十音順）

飯野宏子　井口新一　石田富美子　入江栄一
宇田尚久　梅田雅子　大澤寛輔　岡田麗
小川由美子　奥野冨美子　勝田順子　片山実奈子
加藤時子　鹿取綾子　神谷教子　木内真知子
岸田隆子　久保利郁子　久保利英明　日下部美好
栗崎美年子　古賀幸子　駒井和子　小山奈津子
柴橋美穂　仁藤啓子　須藤充子　薗富美子
高須香奈　田口善一　手嶋幹雄　頓宮裕子
長尾眞知子　永田ふさ子　西村尹男　弘田紀子
福本潤子　船山一樹　星野雅子　前田節子
真木啓子　正木茂次　松村和子　松村哲
宮尾紅満子　三宅左知子　宮阪朝子　森本純
森本真理子　安間薫　吉田悠　吉原久美子
吉原通庸　ほか、匿名三名

【編集後記】

大倉源次郎先生の能楽の原点を探る数々のご活動、多岐に亘るお話を伺うたび、感動を頂くとともに、書籍にして残してほしいという多くの声も聞いてまいりました。二〇一七年、源次郎先生が還暦を迎えられるのを機に、思い切って「本にしましょう」と提案をさせて頂きました。かなり遠慮もされましたが、執筆には時間がかかる故、無理を申して講座を開催し、聞き取りからはじめようと決めたのです。そして、先生の誕生月で、かつ祖先祭が開催される九月の出版を目標に、四回に亘る講座を終え、鋭意編集作業を行っていた二〇一七年七月末、能楽囃子方小鼓方として重要無形文化財各個認定の答申が発表され、一同、大いに驚き、慶んだ次第です。しかし、ちょうど編集の大詰め中に先生のご多忙さが増し、本当に出来上がるのか危惧した時期もありました。その不安も、ご家族や関係者の皆様のご協力で、このたび無事に刊行の運びとなりました。編集については、至らぬ点や、源次郎先生にもっとお伺いしたいこともありましたが、まずはご理解を頂き、楽しんで読んで下されば幸いです。

〈編集スタッフ一同〉

大倉源次郎（おおくら・げんじろう）
1957年、大倉流十五世宗家・大倉長十郎の次男として大阪に生まれる。1964年、独鼓「鮎之段」にて初舞台。1981年、甲南大学卒業。1985年、能楽小鼓方大倉流十六世宗家を継承（同時に大鼓方大倉流宗家預かり）。公益社団法人能楽協会理事。一般社団法人東京能楽囃子科協議会理事。一般社団法人日本能楽会会員。2017年、重要無形文化財保持者（各個認定＝人間国宝）となる。
http://www.hanatudumi.com/

生田ケイ子（いくた・けいこ）
Kei Office 主宰

濱崎加奈子（はまさき・かなこ）
公益財団法人有斐斎弘道館館長。専修大学文学部准教授

原　瑠璃彦（はら・るりひこ）
日本学術振興会特別研究員

挿絵／大倉源次郎

大倉源次郎の能楽談義

2017年10月5日　初版発行
2019年5月12日　2版発行

語り・文……大倉源次郎
編　集……生田ケイ子　濱崎加奈子　原　瑠璃彦
発行者……納屋嘉人
発行所……株式会社　淡交社
本社〒603-8588　京都市北区堀川通鞍馬口上ル
営業TEL 075-432-5151
編集TEL 075-432-5161
支社〒162-0061　東京都新宿区市谷柳町39-1
営業TEL 03-5269-7941
編集TEL 03-5269-1691
www.tankosha.co.jp
印刷・製本……図書印刷株式会社

 ISBN978-4-473-04200-2